Holger Mittelstädt | Rainer Mittelstädt

99 Tipps

Digitale Medien im Unterricht

Holger Mittelstädt Schulleiter und Schulentwicklungsberater in Brandenburg, unterrichtet Musik und Deutsch, in der Lehrer- und Schulleiterfortbildung sowie als Autor zum Thema Unterrichts- und Schulmanagement tätig

Rainer Mittelstädt Dipl. Kommunikations-Designer und Inhaber einer Werbeagentur, arbeitet mit Schülern im Rahmen der Berufsvorbereitung zusammen, Business Coach, Dozent in Erwachsenenbildungsstätten und Autor zu den Themen Selbst- und Zeitmanagement sowie Präsentationstechniken

Projektleitung: Franziska Wittwer, Berlin
Redaktion: Marion Clausen, Berlin
Umschlagkonzept: Jule Kienecker, Berlin
Umschlaggestaltung: LemmeDESIGN, Berlin
Layout/technische Umsetzung: Julia Walch, Bad Soden
Die Reihenkonzeption wurde von Cornelia Colditz und Claudia Kahlenberg im Rahmen eines studentischen Wettbewerbs im Studiengang Verlagsherstellung an der HTWK Leipzig (www.verlagsherstellung.de) unter Leitung von Julia Walch, Bad Soden, entwickelt.
Foto S. 51: Aaron Mittelstädt

www.cornelsen.de

1. Auflage 2015

© 2015 Cornelsen Schulverlage GmbH, Berlin

Druck: CPI – Clausen & Bosse, Leck

ISBN 978-3-589-16055-6

 Inhalt gedruckt auf säurefreiem Papier aus nachhaltiger Forstwirtschaft.

Vorwort 7
10 Top-Tipps 9

DEN PC BEHERRSCHEN

TIPP 1:   Mit dem neuen PC richtig starten 10
TIPP 2:   Office-Programme ausnutzen 11
TIPP 3:   Schnell auf Bilder zugreifen können 13
TIPP 4:   Mindmaps am PC erstellen 14
TIPP 5:   Ordnung im PC halten 15
TIPP 6:   Dateien sinnvoll benennen 16
TIPP 7:   Regelmäßig Ihre Daten sichern 17
TIPP 8:   Zusätzlich Backups erstellen 18
TIPP 9:   Dokumente in der Cloud sichern 19
TIPP 10:   Erste Hilfe, wenn der PC abstürzt 20

IM INTERNET UNTERWEGS

TIPP 11:   Das Internet verstehen 22
TIPP 12:   Zum Surfen mehrere Browser nutzen 23
TIPP 13:   Sichere Passwörter verwenden 24
TIPP 14:   Hacker austricksen 25
TIPP 15:   Auch jenseits von Google suchen 27
TIPP 16:   Cookies können schaden und nutzen 28

TABLET-PCs IM UNTERRICHT EINSETZEN

TIPP 17:   Mit Tablet-PCs besser unterrichten 29
TIPP 18:   Mit Leuchtturm-Projekten starten 30
TIPP 19:   Tablets für die ganze Klasse 31
TIPP 20:   Tablet-Klassen ins Leben rufen 32
TIPP 21:   Ein überzeugendes Konzept vorlegen 33
TIPP 22:   Sich für das richtige Modell entscheiden 35
TIPP 23:   Die Tablet-PCs verwalten 38
TIPP 24:   Mit Tablets recherchieren 39

TIPP 25: Lern-Apps finden 39
TIPP 26: Den Unterricht dokumentieren 40
TIPP 27: Mit Tablets Produkte erstellen 41
TIPP 28: Präsentationen erstellen 43

Mit interaktiven Whiteboards arbeiten

TIPP 29: Tafeln durch Whiteboards ersetzen 44
TIPP 30: Auf ein System festlegen 45
TIPP 31: Das richtige Zubehör anschaffen 46
TIPP 32: Vorteile der Whiteboards kennen 47
TIPP 33: Nachteile der Whiteboards kennen 48
TIPP 34: So gelingt der Einstieg 50
TIPP 35: Beim Tafelbild aufpassen 51
TIPP 36: Auf die Unterrichtsform abstimmen 52
TIPP 37: Schäden vermeiden 53

Social Media sinnvoll nutzen

TIPP 38: Social Media kritisch betrachten 54
TIPP 39: Bei Facebook auf Ihre Daten achten 56
TIPP 40: Über Twitter sinnvoll kommunizieren 58
TIPP 41: Gute Lehrerblogs lesen 60
TIPP 42: Einen Schulblog führen 61
TIPP 43: Einen Blog erstellen 62
TIPP 44: Ideen für Chat, SMS und WhatsApp 64

Gute Präsentionen am PC erstellen

TIPP 45: Fertige Vorlagen kritisch prüfen 65
TIPP 46: Ihren Arbeitsstand oft speichern 66
TIPP 47: Eine Gestaltungsvorlage entwickeln 67
TIPP 48: Formate und Auflösungen beachten 68
TIPP 49: Kopf- und Fußzeilen definieren 71
TIPP 50: Inhalte und Anzahl der Folien planen 72
TIPP 51: Schaubilder kreativ gestalten 73
TIPP 52: Schrift gezielt einsetzen 74
TIPP 53: In einer Schriftfamilie bleiben 74

TIPP 54: Die Schriftschnitte festlegen 76
TIPP 55: Schriftgrößen festsetzen 77
TIPP 56: Farbwirkungen nutzen 78
TIPP 57: Hintergründe festlegen 80
TIPP 58: Schriftfarben definieren 81
TIPP 59: Schaubilder farblich gestalten 82
TIPP 60: Bilder und Filme verwenden 83
TIPP 61: Technische Verwendbarkeit prüfen 84
TIPP 62: Bilder richtig auswählen 85
TIPP 63: Filmlängen wählen 86
TIPP 64: Copyright von Bildelementen prüfen 87
TIPP 65: Animationen und Effekte einstellen 89
TIPP 66: Regeln zur Lesbarkeit beachten 90
TIPP 67: Musik kann unterstützen 91
TIPP 68: Fühlen, riechen, schmecken lassen 93
TIPP 69: Ein Einstiegsgag hilft 94
TIPP 70: Zwischendurch überraschen 95
TIPP 71: Einen Schlusspunkt setzen 96
TIPP 72: Ein „Pecha Kucha" ausprobieren 96

Den Beamer einsetzen

TIPP 73: Den Beamer richtig anschließen 97
TIPP 74: Den Beamer ansteuern 98
TIPP 75: Den Beamer ausrichten 99
TIPP 76: Bildformate beachten 100
TIPP 77: Helligkeit und Farben einstellen 101
TIPP 78: Für guten Ton sorgen 102
TIPP 79: Die Lampe kontrollieren 103

Elektronische Unterrichtsmaterialien im Netz suchen

TIPP 80: Sich einen Überblick verschaffen 105
TIPP 81: Sich auf Lehrerplattformen austauschen 106
TIPP 82: Kommerzielle Angebote sichten 107
TIPP 83: Lehrfilme nutzen 109
TIPP 84: Filme etwas erklären lassen 109

TIPP 85: Materialien für Deutsch finden 111
TIPP 86: Materialien für Mathematik finden 112
TIPP 87: Materialien für Englisch finden 113

URHEBER- UND NUTZUNGSRECHTE BEACHTEN

TIPP 88: Urheberrechte beachten 114
TIPP 89: Vorsicht bei Schulbuchkopien 116
TIPP 90: Regeln für die freie Nutzung kennen 117
TIPP 91: Bildrechte beachten 118
TIPP 92: Musik-Dateien nutzen 119
TIPP 93: Auf YouTube fündig werden 120
TIPP 94: Recht am eigenen Bild beachten 121

FILME UND FOTOS NUTZEN

TIPP 95: Fotos und Filme erstellen 123
TIPP 96: Formate beachten 124
TIPP 97: Die richtige Auflösung wählen 125
TIPP 98: Bilder bearbeiten 126
TIPP 99: Bilder verschicken 127

Register 129
Literaturhinweise 132

Bildung kommt von Bildschirm und nicht von Buch, sonst hieße es ja Buchung. (Dieter Hildebrandt, Kabarettist)

Schülerinnen und Schüler der fünften bis zehnten Klassen können viel von Ihnen lernen, sei es die Bildung des Konjunktivs, das umgängliche Verhalten anderer Menschen gegenüber oder das Prinzip der Fotosynthese.

In einem Bereich werden Ihnen Ihre Schüler aber voraus sein: Wenn es um den Umgang mit Smartphone, Tablet und Co. geht, wenn die Frage im Raum steht, wie das neue Grafik-Programm funktioniert oder ein Foto in der Auflösung verringert wird, ist die Generation der sogenannten „Digital Natives" im Vorteil.

Hier möchten wir mit diesem Ratgeber ansetzen. Wir möchten Sie darin unterstützen, im Umgang mit den modernen Medien so sicher wie Ihre Schüler zu werden, z. B. das interaktive Whiteboard souverän zu nutzen oder mit Ihrer nächsten digitalen Präsentation sogar Ihre Schülerinnen und Schüler zu beeindrucken.

Gewiss werden Sie nicht von heute auf morgen zum Medienprofi, nur weil Sie dieses Buch lesen. Dazu gehören Übung und Ausdauer – vergessen Sie nicht, mit welchem zeitlichen Einsatz sich Ihre Schützlinge mit den modernen Medien beschäftigen.

Aber zumindest soll Ihnen dieses Buch hilfreiche Ratschläge und Hinweise geben, wenn Sie einmal nicht weiter wissen oder in ein Thema neu einsteigen wollen, und Sie ermutigen, auf Entdeckungsreise zu gehen: in neuen Programmen, im weltweiten Netz, mit neuen technischen Geräten und im Austausch mit anderen.

Eine wichtige digitale Anwendung im Unterricht ist die PowerPoint-Präsentation; dabei werden häufig Fehler gemacht bzw. sinnvolle Gestaltungsmöglichkeiten verschenkt. Darum haben wir diesem Bereich einen Schwerpunkt gewidmet, der viele Aspekte beleuchtet (die Sie nicht *alle* umsetzen müssen!).

Tipps sind Vorschläge zum Erproben und Weiterdenken, wozu wir Sie ermuntern möchten, damit Ihr Unterricht mit digitalen Medien auf sinnvolle Weise ergänzt wird.

Dabei wünschen wir Ihnen viel Erfolg.

Holger und Rainer Mittelstädt

PS: Aus Gründen der besseren Lesbarkeit wird in diesem Buch meist die männliche Form verwendet. Selbstverständlich sind damit auch immer Frauen und Mädchen gemeint, also Lehrerinnen, Schülerinnen usw.

10 Top-Tipps ... Die Lieblingstipps der Autoren!

6 Dateien sinnvoll benennen

Regelmäßig Ihre Daten sichern **7**

13 Sichere Passwörter verwenden

Lern-Apps finden **25**

29 Tafeln durch Whiteboards ersetzen

Ideen für Chat, SMS und WhatsApp **44**

72 Ein „Pecha Kucha" ausprobieren

Sich auf Lehrerplattformen austauschen **81**

83 Lehrfilme nutzen

Urheberrechte beachten **88**

Sie haben einen neuen PC und starten ihn das erste Mal? Nach der Freude über den neuen Rechner und der Sorge, etwas falsch zu machen, kann der erste Start schnell zu einer Enttäuschung werden. Die Installation aller Komponenten, Programme und Einstellungen ist nicht leicht und dauert manchmal leider eine gefühlte Ewigkeit.

Achtung!

Sie haben sich einen neuen PC gekauft, ihn ausgepackt und alle Kabel zusammengesteckt. Blicken Sie auf die Uhr: Haben Sie jetzt genug Zeit, Ruhe und Muße, um den PC zu starten und bereits einige inhaltliche bzw. strukturelle Dinge auf Ihrem Rechner festzulegen? Sollten Ihnen weniger als zwei Stunden zur Verfügung stehen, verschieben Sie den großen Start lieber auf später. Nichts ist im Nachhinein hinderlicher und kostet später viel Zeit als ein übereilt konfigurierter PC.

Im Prinzip haben Sie drei Möglichkeiten:

Standard-Installation nutzen

1. Sollten Sie keine Ahnung haben, wie Sie Ihren neuen PC auf Hochleistungen trimmen können, dann nutzen Sie die Möglichkeit der Standard-Installation ohne viele Extras. In der Regel finden Sie auf Ihrem neuen PC ein Dokument, einen Film oder Text, der „Erste Schritte" oder so ähnlich heißt. Öffnen Sie diese Datei und befolgen Sie die Anweisungen, dann werden Sie vermutlich zurechtkommen.

2. Sie sind so versiert, dass Sie sowieso alles durchblicken und Ihren neuen PC selbst „tunen" können.

3. Sie sind unsicher und suchen sich eine kompetente Hilfe, weil man beim ersten Mal gleich viel falsch machen kann.

Um die Ecke gedacht

Sollten Sie unsicher beim Start Ihres neuen PC sein, dann holen Sie sich auf jeden Fall jemanden zur Hilfe, der bei der

Neukonfiguration des Rechners neben Ihnen sitzt. Aber Achtung: Sie sitzen am PC und machen alles Nötige, nicht Ihr Fachmann, auch wenn der irgendwann ungeduldig sagt: „Rutsch zur Seite, ich mach das mal schnell." So lernen Sie es nicht! Bleiben Sie hier am Ball und fragen Sie hartnäckig alles, was Sie noch nicht verstanden haben!

Für die Einrichtung Ihres PC brauchen Sie eventuell Internet-Zugangsdaten und Kennwörter. Halten Sie diese bereit, bevor Sie den PC das erste Mal starten.

Zugangsdaten und Kennwörter

In der Regel haben Sie die Möglichkeit, Daten (Dokumente, Musik, Filme, Bilder usw.) von einem Vorgänger-Rechner mit bereits vorinstallierten Synchronisationsprogrammen (z. B. Windows Easy Transfer) auf Ihren neuen Rechner zu übernehmen. Eventuell brauchen Sie ein besonderes Kabel (z. B. Ethernet), um die beiden Rechner miteinander zu verbinden.

OFFICE-PROGRAMME AUSNUTZEN 2

Am Computer wird in allererster Linie mit sogenannten Office-Programmen gearbeitet. Unterschiedliche Anbieter haben Office-Pakete programmiert, die meist auf Ihrem PC vorinstalliert sind oder die Sie sich selbst installiert haben. Zu einem Office-Paket gehört in der Regel:

Office-Paket

- ein Textverarbeitungsprogramm
- eine Tabellenkalkulation
- eine Präsentationssoftware

Das **Textverarbeitungsprogramm** dient dazu, Texte unterschiedlicher Art zu schreiben (Leistungsrückmeldungen, Klassenlisten, Briefe, Texte für Klassenarbeiten usw.). Sie können auch mit kleinem Aufwand Arbeitsblätter erstellen, die Text, aber in der Regel wenige Grafiken/Bilder usw. enthalten.

Die **Tabellenkalkulation** erlaubt es Ihnen, Zahlen zu verarbeiten – z. B. Listen mit Preisen zu erstellen, die dann addiert werden (wichtig z. B. für die Planung einer Klassenfahrt). Jeder Zelle in einer Tabellenkalkulation kann ein Wert oder eine Formel zugewiesen werden. Mit Tabellenkalkulationen können Sie vielfältige Diagramme (Balkendiagramme, Tortendiagramme usw.) erstellen. Das ist z. B. hilfreich, wenn Ihre Schüler ein passendes Diagramm zu einem Sachtext entschlüsseln sollen.

Das **Präsentationsprogramm** hilft Ihnen dabei, Präsentationen für den Unterricht, einen Elternabend oder für Konferenzen zu erstellen. Präsentationen sind nichts anderes als eine Folge von Folien unterschiedlichen Inhaltes, die mit verschiedenen Animationseffekten versehen werden können (Tipps 45 bis 72).

❯ Tipp 45 bis 72

Das am weitesten verbreitete Office-Paket vertreibt die Firma Microsoft („Microsoft Office") mit den entsprechenden Programmen „Word" (Textverarbeitung), Excel (Tabellenkalkulation) und PowerPoint (Präsentationssoftware).

Bei Apple heißen die entsprechenden Programme „Pages" (Textverarbeitung), „Numbers" (Tabellenkalkulation) und „Keynote" (Präsentationssoftware).

Gleich mal ausprobieren

Lernen Sie die Möglichkeiten Ihres Office-Pakets besser kennen. Probieren Sie die einzelnen Elemente in einer ruhigen Stunde aus. Oft bewegen sich die Nutzer nur in schmalen Bahnen, aber die Programme können viel mehr! Sehen Sie sich dazu das eine oder andere Tutorial auf einer Internet-Plattform wie YouTube an.

Die Office-Programme können in der Anschaffung teuer sein (und illegale Raubkopien verbieten sich für einen vorbildhaften Lehrer!). Es gibt aber kostengünstige und sogar kostenlose Alternativen im Internet, so unter anderem die mit anderen Programmen kompatible Programmfamilie „Open Office".

Das Paket besteht aus der Textverarbeitung „Writer", der Tabellenkalkulation „Calc", dem Zeichenprogramm „Draw", der Präsentationssoftware „Impress", einem Programm zur Verarbeitung mathematischer Formeln „Math" sowie der Datenbank „Base".

Open Office

SCHNELL AUF BILDER ZUGREIFEN KÖNNEN

3

Zur Bearbeitung und Archivierung von Abbildungen gibt es oft bereits vorinstallierte Programme, Windows stellt z. B. die Programme „Fotogalerie" (zum Archivieren und Bearbeiten von Bildern) und „Windows Photo Viewer" (zum Betrachten und Drucken von Bildern) zur Verfügung.

Um die Ecke gedacht

Das Programm iPhoto (für Apple-Rechner, iPad, iPhone usw.) bietet als Software für die Unterrichtsvorbereitung viele hilfreiche Möglichkeiten. Es ist nicht nur eine Bildverwaltung (also praktisch ein umfangreiches Fotoalbum mit zahlreichen Kapiteln), in der man seine Abbildungen für den Unterricht (Tafelbilder, schematische Zeichnungen, Fotos usw.) übersichtlich thematisch sortieren kann (Tipp 3).

❯ Tipp 3

Es bietet darüber hinaus in für den Laien ausreichendem Rahmen die Möglichkeit, Bilder zu bearbeiten (Veränderung des Kontrasts, der Helligkeit, Retuschieren von Bildfehlern, roten Augen, drehen, Ausschnitt auswählen usw.), zu konvertieren und ggf. über Online-Plattformen wie Facebook oder Twitter bereitzustellen oder mit anderen zu teilen (Tipps 98 und 99). Außerdem können Bilder direkt aus dem Programm heraus versendet werden.

❯ Tipp 98, 99

4 MINDMAPS AM PC ERSTELLEN

Für die im Unterricht beliebte Mindmap-Methode gibt es zahlreiche, meist kostenlose Computer-Anwendungen, mit denen Mindmaps direkt am PC erstellt werden oder Mindmaps, die zuvor auf dem Papier entstanden sind, digital umgesetzt werden können.

Mindmaps am PC statt auf Papier zu erstellen hat zahlreiche Vorteile:

Vorteile
- Die Äste eines digitalen Mindmaps lassen sich problemlos verschieben und neu anordnen.
- Es können leicht fehlende Begriffe ergänzt werden.
- Digitale Mindmaps können in verschiedenen Stadien gespeichert und dann weiterentwickelt werden.
- Die am PC oder Tablet erstellten Mindmaps können über einen Beamer für alle gut sichtbar projiziert werden.
- Die Schüler können vorgegebene Mindmaps ohne großen Aufwand weiterentwickeln.

Gleich mal ausprobieren

Unter folgenden Adressen finden Sie entsprechende Programme, die Sie testen und daraus das geeignete auswählen können:
- EDrawMax, http://www.edrawsoft.com
- Freemind, http://freemind.sourceforge.net/wiki/index.php
- Freeplane, http://freeplane.sourceforge.net/wiki/index.php
- MindManager, http://www.mindjet.com
- iMindMap, http://www.thinkbuzan.de

Archivieren Sie Ihre Mindmaps und die der Schüler gut. So haben Sie, wenn Sie das Thema erneut behandeln, bereits einen guten Fundus, mit dem Sie arbeiten können.

So, wie Sie Ihr Arbeitszimmer organisieren, z.B. für Ihre Unterrichtsmaterialien Ordner für verschiedene Klassenstufen, für verschiedene Fächer und Themen anlegen, so sollten Sie auch Ihren PC sortieren. In der Regel sind Computersysteme zwar mit recht guten Suchprogrammen ausgestattet, die nicht nur nach Ordner- und Dateinamen, sondern z.B. auch nach Texten innerhalb von einzelnen Textdateien suchen können, trotzdem hilft es, sich ein gewisses System anzulegen.

SOS-Tipp

Wie benennen Sie am besten Ihre Dateien? Es bietet sich an, bei Briefen und anderen Dokumenten, die zeitlich zuzuordnen oder zu sortieren sind (z.B. Fotos einer Klasse), im Dateinamen das Datum zu verwenden (Tipp 6).

❯ Tipp 6

Der Brief ans Schulamt vom 31. Mai 2015 würde dann z.B. den Dateinamen „150531 Schulamt" bekommen. Mit dem Datum am Anfang des Dateinamens (in der Reihenfolge JJ.MM.TT) werden die Dateien bei automatischer Sortierung nach Alphabet in der chronologisch richtigen Reihenfolge angezeigt und aufgelistet.

Beim Anlegen von Ordnern für verschiedene Arbeitsbereiche können Sie folgende Aspekte als Strukturelemente berücksichtigen:

Strukturelemente

- Klassenstufen
- Fächer
- Themen
- meine Klasse
- Konferenzen und Sitzungen
- Elternkorrespondenz
- schulinterne Korrespondenz
- Korrespondenz mit Behörden (Schulamt usw.)
- Krankenkasse und Beihilfestelle

6 DATEIEN SINNVOLL BENENNEN

Es ist wie im richtigen Leben: Wenn man etwas braucht, findet man es gerade nicht. Man weiß einfach nicht mehr, wo man die Unterlagen hingelegt hat. Das gleiche Problem haben wir mit Daten und Dokumenten. Wir sind sicher, dass wir sie irgendwo haben, aber wo?

Ihr Vorteil bei der Suche: Es *muss* irgendwo auf der Festplatte sein. Ihr Nachteil: Auch die ist groß und unübersichtlich. Ihre Festplatte braucht also eine Struktur: einen Platz, einen Ordner, einen Dateinamen.

Wenn Sie ein Blatt Papier in einem Stapel suchen, können Sie immer noch schnell den Inhalt überfliegen; wenn Sie Dateien suchen, sehen Sie später nur das, was Sie sich einst als Dateinamen ausgedacht haben. Halten Sie sich darum an Ihre Struktur (Tipp 5).

❯ Tipp 5

Definieren Sie einen festen Ablageort, dann einen Ordnernamen und dann den Dateinamen. Achten Sie darauf, die Dateinamen so kurz wie möglich und so informativ wie nötig zu gestalten. Einmal eingeführte Kürzel immer beibehalten. Erfinden Sie ruhig Ihre eigene Struktur und Systematik. Wichtig ist nur, dass Sie dabei bleiben. Dann klappt es mit dem Finden – auch nach vielen Jahren!

Systematik
beibehalten

Gleich mal ausprobieren

Sie wollen eine Adressenliste ihrer sechsten Klasse speichern. Dabei können Sie so vorgehen:

- Was ist der Inhalt? Eine Adressenliste – legen Sie hierfür ein Kürzel fest, dass Sie dann immer nutzen, z. B. ADR!
- Von wem? Klasse 6a – Kürzel hier: 6a
- Wann war das? 2014 – selbstredend: 2014
- Evtl. noch ergänzende Information wie der Name der Schule: Elisabeth-Weber-Gymnasium – EWG

Die Datei würde nun folgendermaßen heißen:
ADR_6a_2014_EWG.xxx
Als Leerzeichen verwenden Sie Unterstriche – damit können auch sensible Programme umgehen.

Sie wissen es genau, Sie haben es geschrieben, gestern, zuhause, am Schreibtisch – aber das Dokument ist nicht mehr da. So geht es nicht nur Ihnen, sondern vielen Menschen, die mal schnell am Computer ein Dokument erstellen und danach den PC ausmachen – ist ja auch richtig so, wegen des Stromsparens …

Doch leider war das Dokument nicht gesichert oder nur der Teil, den Sie vorgestern schon geschrieben hatten. Deshalb gilt beim Arbeiten am Computer die Dreierregel:

Dreierregel

1. Sichern
2. Sichern
3. Sichern

Das muss schon fast reflexartig gehen, Ihre linke Hand sichert per Tastaturkürzel, kaum, dass Sie es noch merken. Es muss förmlich in Fleisch und Blut übergehen.

Doch damit nicht genug, manchmal gehen auch perfekt gesicherte Dateien kaputt. Deshalb sind sogenannte Backups unabdinglich (Tipp 8).

❯ Tipp 8

Achtung!

Nur mehrfaches Sichern ist wirklich sicher. Erstellen Sie sich Ihren eigenen Sicherungsplan:

- Während der Arbeit am Dokument: spätestens alle zehn Minuten sichern.
- Nach der Arbeit am Dokument: sichern und Backup (Tipp 8) machen.

❯ Tipp 8

- Bei wichtigen Dokumenten: Die Datei zusätzlich in der Cloud speichern (Tipp 9) oder sich selbst als E-Mail schicken – dann liegt das Dokument auch nochmal außerhalb Ihres PCs.

❯ Tipp 9

- Um ganz sicher zu sein: Bei großen und umfangreichen Arbeiten sollten Sie die Datei zusätzlich auf einem Stick sichern oder auf eine CD brennen.

8 ZUSÄTZLICH BACKUPS ERSTELLEN

„Leider hat mir der Computerhändler mitgeteilt, dass meine Festplatte kaputt ist: alle Daten weg!" – „Hast du kein Backup gemacht?" – „Nee, was ist das?"

Für viele Computer-User ist das Wort „Backup" immer noch ein Fremdwort, obwohl es eines der wichtigsten Vorgänge im Umgang mit Computern ist.

Festplatten funktionieren lange ganz prima, dann fangen sie an, in einigen Bereichen kaputt zu gehen; nur wir merken nichts davon, weil sich die Festplatte selbstständig neu organisiert. Doch dann kommt der Tag, an dem sie das nicht mehr tut!

Eigentlich kein Drama: neue Platte einbauen, Backup von gestern aufspielen und weiter geht's. Maximaler Verlust: Daten aus den letzten 24 Stunden! Aber wie bitte? Backup? Welches Backup?

Wer seinen Computer professionell nutzt, muss jeden Tag, spätestens jede Woche, ein Backup (eine Sicherungskopie) fahren.

Externes Laufwerk Sie benötigen dazu ein externes Laufwerk mit dem Speicherplatz von ein oder zwei Terrabyte, weniger sollten es nicht sein, denn moderne Backup-Systeme sichern nach der ersten Komplettsicherung die neu erstellten Daten zusätzlich – also alle alten Daten bleiben erhalten. Somit wächst der Datenbestand ständig.

Nun besorgen Sie sich eine Backup-Software – meistens gibt
❯ Tipp 10   es die als Freeware umsonst (Tipp 10) – und stellen Sie
❯ Tipp 7   einen Sicherungsplan ein (Tipp 7). Solange die Backup-Platte mit dem Computer verbunden ist (oder bei Laptops: wenn die Platte verbunden wird), kann diese Software regelmäßig ein Backup schreiben.

Achtung!

Lassen Sie die Backups am besten nachts laufen. Die Sicherungen dauern manchmal lange und funktionieren am besten, wenn Sie parallel *nicht* am Computer arbeiten!

Zweites Backup-Medium

Wenn Sie ganz sicher sein wollen, besorgen Sie sich noch ein zweites Backup-Medium und machen Sie darauf zusätzlich jeden Monat ein Backup. Dieses Medium sollten Sie außer Haus lagern, z. B. in der Schule oder bei einer Person Ihres Vertrauens. So sichern Sie Ihren Datenbestand auch dann, wenn Ihr Computer durch Wasser oder gar Feuer zerstört oder gestohlen wird..

DOKUMENTE IN DER CLOUD SICHERN

9

Seit einigen Jahren wird von verschiedenen Firmen das Speichern von Dokumenten in der sogenannten „Cloud" angeboten. Dabei schwirren Ihre Daten allerdings nicht irgendwo durch die Luft und sitzen dann auf einer Wolke. Sie sind vielmehr auf externen Server – also nicht mehr auf der Festplatte Ihres Computers – gespeichert. Diese Server stehen irgendwo in der Welt in „Serverfarmen" – also auf riesigen Flächen mit Tausenden von Rechnern und Servern, die miteinander vernetzt sind.

Der Vorteil ist, dass Sie nun auch von anderen Rechnern und Orten auf Ihre Dokumente zugreifen können, indem Sie sich in Ihren Cloudspeicher einloggen, also z. B. von Tablets und Smartphones aus die gleichen Dokumente sehen und bearbeiten können.

Ein weiterer Vorteil ist, dass Sie auch anderen den Zugang zu Ihren Cloud-Dokumenten erlauben können. So können Dokumente gemeinsam bearbeitet, Fotos und Musik gemeinsam konsumiert werden.

Großer Nachteil der Cloud ist die potentielle Unsicherheit Ihrer Daten. Sie wissen nie genau, wo – also in welchem Land – Ihre Daten liegen. Auf die Peripherie dort und die Zugangszuverlässigkeit haben Sie keinen Einfluss. Es kann also sein, dass Ihre Daten dann, wenn Sie sie gerade dringend brauchen, mal nicht zur Verfügung stehen.

Unsicherheit der Daten

Theoretisch sind die Daten auch für die Cloud-Anbieter zugänglich und einsehbar. Es wird zwar abgestritten, dass diese Daten angesehen werden, aber es ist möglich. Auch während die Daten via Internet in die Cloud übertragen oder wieder geladen werden, sind sie im Zweifelsfall für Hacker (Tipp 14) sichtbar und verwertbar.

❯ Tipp 14

Achtung!

Cloud-Anbieter mit
Verschlüsselung

Bei einigen wenigen Anbietern werden die Daten noch auf Ihrem Rechner verschlüsselt, dann verschlüsselt übertragen und in der Cloud verschlüsselt gespeichert. Erst wenn Sie die Daten wieder auf Ihren Computer laden, werden sie dort entschlüsselt und Sie können damit weiterarbeiten.

Wenn Datensicherheit für Sie wichtig ist, sollten Sie nur auf diese Cloud-Anbieter zurückgreifen.

ERSTE HILFE, WENN DER PC ABSTÜRZT

10

Alles war geschrieben, die Bilder eingefügt – und dann ging einfach nichts mehr. Der Computer reagierte nicht mehr: auf keine Bewegung der Maus, auf keine Betätigung einer Taste: Absturz.

Es gibt wohl keinen PC-Benutzer, dem das nicht schon passiert ist. Dabei ist dieses „Verhalten" des Computers eigentlich normal. Er rechnet ja nur, und dabei kommt es vor, dass er sich verrechnet – und dann geht nichts mehr. Manchmal liegt es am Nutzer, manchmal an der Hardware und manchmal an der Software – oder an Kombinationen davon. Schimpfen Sie also nicht auf sich oder den Computer. Es ist halt so und wir müssen damit leben.

Neustart hilft

Was können Sie tun, wenn so etwas passiert? Zunächst hilft ein Neustart und in den meisten Fällen ist damit auch alles wieder erledigt. Und wenn Sie Backups gemacht haben

(Tipp 8), haben Sie immer alles gesichert und der Datenverlust hält sich in Grenzen.

❯ Tipp 8

Es ist gut, wenn Sie den Computer ganz ausschalten und dann wieder neu starten (Tipp 1). Wenn Sie nur einen „Reset" machen, können „Verwirrungen" erhalten bleiben und der Computer stürzt gleich wieder ab.

❯ Tipp 1

Achtung!

Computer sind empfindliche Wesen. Wenn man sie einfach ausschaltet, können sie ihre Programme und Funktionen nicht ordnungsgemäß herunterfahren.
Insofern ist der Neustart immer nur das letzte Mittel. Wenn Sie häufiger solche Abstürze haben, sollten Sie den Fehler grundsätzlich untersuchen (lassen).

Stürzt der Computer regelmäßig ab, sollten Sie weitere Dinge überprüfen:

Checkliste zum Überprüfen

- Arbeiten Sie mit den aktuellen Programmversionen? Oftmals sind alte Versionen der Grund für die Unverträglichkeit. Ein Update hilft hier weiter.
- Ist nur das Programm abgestürzt, beenden Sie nur das Programm und starten es neu.
- Haben Sie im Hintergrund sehr viele andere Programme offen oder am Laufen? Dann schließen Sie die Programme, die Sie gerade nicht brauchen. Auch einem Computer wird es irgendwann einmal zu viel.
- Nutzen Sie ein kostenloses Programm, das Sie aus dem Internet downgeloaded haben? Bei dieser sogenannten Freeware kann es immer wieder sein, dass unsauber programmiert wurde (kostenlos!) und dann Abstürze die Folge sind. Suchen Sie nach Alternativen.
- Laufen bei Ihnen gerade sehr rechenintensive Prozesse wie Bildbearbeitung (Tipp 98) oder Videorendering und/oder wird Ihr Computer sehr heiß? Fühlen Sie nach: Wenn Sie selbst kaum hinlangen können, ist es auch für den Computer zu heiß. Zeit für eine Abkühlung und eine Tasse Tee.

❯ Tipp 98

Bei seltenen Abstürzen ist es Unsinn, nach dem Grund zu fragen. Zu viele Dinge könnten die Ursache gewesen sein. Nehmen Sie es einfach hin und sichern Sie regelmäßig und oft genug (Tipp 7). Dann kann Sie auch ein Absturz nicht zur Verzweiflung bringen.

❯ Tipp 7

11 DAS INTERNET VERSTEHEN

Das Internet ist ein weltweites Netzwerk von autonomen Computersystemen, eigentlich nur Peripherie, ohne Kopf oder Kern, nicht kontrolliert und schwer steuerbar. Auf dieser übergreifenden Plattform kann mehr oder weniger jeder machen, was er will, solange es den gesetzlichen Rahmen nicht verletzt.

Aber selbst diesen kann man leicht umgehen: Was in Deutschland verboten ist, mag in den USA erlaubt sein.

Informationen sind schnell verfügbar und auch gegenprüfbar (z. B. Plagiatsprüfungen).

Bilder, Videos und Textinformationen stehen in unglaublicher Vielzahl und Vielfalt zur Verfügung, virtuelle Reisen um die Welt sind jederzeit möglich.

Vorsicht im Internet

Was heißt das für Sie als Nutzer? Lassen Sie Vorsicht walten, wenn Sie Informationen aus dem Internet nutzen wollen (Tipp 90), vor allem wenn es über den persönlichen Rahmen hinausgeht, z. B. Texte für eine Deutscheinheit, Abbildungen für ein Schulplakat, Lieder für eine Schulaufführung usw.

❯ Tipp 90

Dabei geht es vor allen Dingen um die Einschätzung der Seriosität und die Klärung der freien Verfügbarkeit. Fragen Sie sich stets:

▬ Woher kommen die Daten und Informationen?
▬ Wer ist der Verfasser oder Betreiber der Internetseite?
▬ Gibt es andere Quellen, die diese Information bestätigen?
▬ Sind die Quellen tatsächlich unabhängig voneinander?
▬ Wie aktuell sind die Informationen?

- Kann ich den Quellen vertrauen?
- Darf ich die Informationen für meinen Zusammenhang frei nutzen?

Achtung!

Wenn Sie Bilder, Videos, Musik oder Texte aus dem Internet für den Unterricht nutzen wollen, prüfen Sie in jedem Fall, ob Sie Nutzungsrechte einholen oder vorher jemanden um Erlaubnis fragen müssen (Tipp 88). Sonst kann die Nutzung sehr schnell teuer werden und viel Ärger einbringen.

❯ Tipp 88

ZUM SURFEN MEHRERE BROWSER NUTZEN

12

Ein Browser im Internet ist kein Duschkopf. Es bezeichnet die Software, mit der Sie Internetseiten aufrufen und ansehen können (*to browse*: schmökern, blättern, durchsuchen). Es gibt viele Browser: **Explorer, Safari, Firefox, Google Chrome** sind wohl die bekanntesten. Trotz allerlei Unterschiede funktionieren sie mehr oder weniger ähnlich und verfügen oft über die gleichen Möglichkeiten.

Letztendlich geben Sie eine Internetseite ein und der Browser zeigt Ihnen das Angebot auf Ihrem Computer, Tablet oder Smartphone. Er ist Ihr Fenster in die Weblandschaft.

Das Fenster ins Internet

Achtung!

Es ist völlig egal, welchen Browser Sie auf Ihrem Rechner installiert haben, achten Sie aber immer darauf, dass Sie die aktuellste Version benutzen.

Der Browser ist nicht nur Ihr Fenster hinaus in das weltweite Internet, er ist genauso eine beliebte Zugangstür von außen in Ihren Computer. Über den Browser können Hacker über sogenannte Sicherheitslücken in Ihren Computer eindringen (Tipp 14).

❯ Tipp 14

Sobald Sicherheitslücken erkannt werden, schließen die Softwarefirmen diese und stellen entsprechende Updates für Ihren Browser zur Verfügung. Sie sollten sie unbedingt sofort laden oder gar automatische Updates einstellen. Ihre Grundeinstellungen und Lesezeichen bleiben dabei im Normalfall erhalten.

Zwei Browser nutzen Installieren Sie zwei Browser auf Ihrem Computer. Sie sind kostenlos. Es gibt immer wieder Webseiten, die auf dem einen oder anderen Browser nicht funktionieren. Mit einem zweiten Browser klappt es dann oft besser.

13 SICHERE PASSWÖRTER VERWENDEN

Eines der wichtigsten Themen im Internet ist das Passwort. Es verschafft Ihnen Zugang zu den verschlossenen oder privaten Bereichen. Sofern Sie es noch wissen …

Und genau hier liegt das Problem. Um alle Passwörter immer parat zu haben, greifen wir auf Begriffe zurück, die wir uns leicht merken können. Aber so haben es Hacker leicht, **> Tipp 14** um an Ihre Accounts zu kommen (Tipp 14).

Nutzen Sie deshalb sichere und vor allem unterschiedliche Passwörter. Alle normalen, vollständigen Wörter und Begriffe sind untauglich, weil sie als Erste durchgeprüft und gefunden werden. Als Quelle für die Hacker dienen hier Duden oder Lexikon.

Wenn man echte Wörter nutzen will, dann nur zusammengesetzte Begriffe aus völlig unterschiedlichen Bereichen, also z. B. MineralwasserGrablicht. Aber das alleine reicht noch nicht. Sie sollten auf jeden Fall Zahlen und Sonderzeichen dazwischensetzen, z. B. Mine8ralw§asserGr=ablicht.

Kombinationen und Kunstwörter Am besten ist die Kombination aus Zahlen, Sonderzeichen und sogenannten phonetischen Passwörtern – das sind Kunstworte, die Sie erfinden und die aber sprechbar und damit gut merkbar sind.

Gleich mal ausprobieren

Sie suchen ein neues und leicht merkbares Kennwort für Ihren Dokumentenspeicher in der Cloud (Tipp 9).

❯ Tipp 9

- Suchen Sie nach einem phonetischen Passwort, dass sie sich gut merken können, und schreiben Sie es, wie sie es sprechen, z. B. Foschunasi.
- Checken Sie bei Google, ob es das Wort wirklich nicht gibt!
- Je mehr Anschläge das Wort hat, desto besser (mindestens zehn Zeichen)!
- Um das Passwort noch sicherer zu machen, hängen Sie vorne noch eine Zahl und hinten noch ein Sonderzeichen an und behalten Sie den Großbuchstaben am Anfang bei, z. B. 17Foschunasi%.
- Sie können auch das Wort Foschunasi nehmen, und dann dort Buchstaben in Zahlen wandeln: also o=0 und i=1. Trotzdem empfiehlt sich noch ein Sonderzeichen: h=#. Das Ergebnis wäre dann: Fosc#unas1.

Ein so zusammengesetztes Passwort ist zwar für andere nicht mehr lesbar, aber für Sie macht es Sinn und ist leicht zu behalten.

Achtung!

Die hier genannten Passwörter sind selbstverständlich nun nicht mehr zu gebrauchen, weil sie hier bereits publiziert sind. Also auf jeden Fall ein eigenes Wort suchen!

HACKER AUSTRICKSEN

14

Auch wenn es uns nicht gefällt: Sowie unser Computer mit dem Internet verbunden ist, sind seine Daten nicht mehr sicher. Jederzeit können sich Hacker via Viren in Ihren Computer einhacken. Die Wahrscheinlichkeit ist zwar gering, steigt aber mit jedem Tag, den Sie im Internet unterwegs sind.

Mit ein paar Regeln können Sie die Wahrscheinlichkeit sehr verringern, völlig ausschalten können Sie sie leider nicht.

- Überlegen Sie also ganz genau, welche Daten Sie auf Ihrem Computer speichern und welche lieber nicht.
- Passwörter dürfen Sie nicht in Klartext auf Ihrem Computer speichern, es sei denn in einer wiederum passwortgeschützten Datenbank. Diese müssen Sie mit einem maximal sicheren Passwort schützen (Tipp 13),

❯ Tipp 13

- Persönliche und geheime Daten gehören ebenfalls in geschützte und verschlüsselte Ordner.
- Lassen Sie Ihren Computer nachts nicht auf Standby, wenn er noch mit dem Internet verbunden ist. Unterbrechen Sie am besten aktiv die Internetverbindung nach jedem Gebrauch.
- Dokumente können Sie ebenfalls mit einem Passwort schützen, wenn Sie diese weitergeben wollen, aber nicht möchten, dass jemand den Inhalt verändert.
- Schützen Sie auch Ihren Computer selbst vor fremdem Zugriff, indem Sie den Zugang mit einem Passwort schützen.
- Prüfen Sie Ihren Computer regelmäßig mit einem entsprechenden Programm auf Viren und Schädlinge. Selbst wenn keiner Interesse an Ihren Daten hat, Hacker können jeden Computer, ohne dass Sie es merken, mit sogenannten Botnetzen für ihre Zwecke nutzen. Ein Botnetz ist eine Gruppe von automatisierten Programmen, die auf vernetzten Computern laufen. Hacker können so ein Netz unbemerkt auf Ihrem Computer installieren und dann auf Ihre Daten zugreifen.
- Manches ist in der heutigen Zeit vielleicht wirklich besser in einem handgeschriebenen Dokument in einem analogen Ordner aufgehoben. Klingt altmodisch, ist aber höchst aktuell.

Sicherheit ist natürlich nur da wichtig, wo Sie den Missbrauch Ihrer Daten verhindern wollen. Das gilt höchstwahrscheinlich für alle Ihre Daten, oder?

Hätten Sie 1998 – so kurz ist das erst her – eine Suchmaschine mit dem Namen Google erfunden, dann müssten Sie diesen Tipp heute nicht lesen. Denn Sie wären Teilhaber des mächtigsten Unternehmens der Welt.

Mehr als 95 Prozent aller Internetuser nutzen Google – und damit wird die Vormachtstellung schnell deutlich. Dabei gibt es noch andere Suchmaschinen wie

Suchmaschinen

- bing
- yahoo
- t-online
- ask.com
- AOL Suche
- Conduit
- Web.de
- Gmx.net
- Search.com

Diese neun größten Suchmaschinen nach Google teilen sich die verbleibenden knapp fünf Prozent mit allen anderen noch existierenden Suchmaschinen. Interessant dabei ist, dass die meisten selbst in Google oder Bing suchen.

Google hat also fast ein Monopol und damit finden wir eben nur das, was Google uns auch zeigen will.

Achtung!

Google ist kein allgemeingültiges Lexikon, in dem wir alles finden, was es gibt, sondern ein Konzern, der mit seiner Suchmaschine Milliarden verdient.

Deshalb sind die Suchergebnisse immer gewinnorientiert präsentiert, niemals unabhängig oder neutral!

Prüfen Sie im Zweifelsfall Ihre Suchergebnisse mit ein oder zwei anderen Suchmaschinen.

Die Erfahrung zeigt, dass am Ende eben doch alle mit Google suchen. Wundern Sie sich aber nicht, wenn Sie hier keine vergleichbaren Ergebnisse bekommen. Je nach Standort, Computer und Nutzer werden immer verschiedene Ergebnisse angezeigt. Google nennt das „xxxx-prüfenxxx"-Ergebnisse.

Manipulierte Ergebnisse

Ob Google damit der Welt etwas Gutes tut oder eben doch nur sich selbst: Auf jeden Fall sind die Ergebnisse immer manipuliert. Und das heißt: Manches wird eben gefunden und manches eben nicht. Behalten Sie das im Hinterkopf, wenn Sie die Suchergebnisse anschauen.

COOKIES KÖNNEN SCHADEN UND NUTZEN

16

Der Name klingt verdächtig harmlos: Keks bzw. Plätzchen (auf Deutsch). Als ob man Sie zum Kaffee einladen wollte. Aber weit gefehlt. Diese Cookies sind kleine Dateien, die von besuchten Webseiten auf Ihrem Computer gespeichert und dazu genutzt werden, um Ihr Surfverhalten zu protokollieren und somit Informationen über Sie zu erlangen.

Ihr Surfverhalten wird ausspioniert

So kann man Sie beim erneuten Besuch sofort identifizieren und entsprechende Maßnahmen aktivieren. Da kommt es dann schon mal vor, dass plötzlich ein Produkt teurer wird, als es bei Ihrem ersten Besuch war, oder dass gewisse Informationen gar nicht mehr auffindbar sind.

Sie können zwar das Setzen von Cookies verhindern (in den Einstellungen Ihres Webbrowsers), aber viele Webseiten funktionieren dann gar nicht mehr oder können sich bereits Eingegebenes nicht merken. Sie kommen also um Cookies nicht herum.

Achtung!

▶ Tipp 12

Löschen Sie Ihre Cookies mindestens einmal im Monat (in den Einstellungen des Webbrowsers, Tipp 12). So machen Sie es den Webseiten, die Sie ausspionieren wollen, schwerer, Sie zu erfassen.

> Alle anderen Webseiten, die Cookies für Sie als Service und zur Vereinfachung von Eingaben usw. nutzen, setzen dann einfach ein neues Cookie. Sie können mit dem Löschen also nichts falsch machen.

Cookies werden übrigens auch von Geheimdiensten und Hackern (Tipp 14) genutzt, um Spionagesoftware und Ähnliches auf Rechnern zu platzieren. Aber auch Menschen, die ganz normalen Zugang auf Ihren Computer haben, können sich diese Cookies ansehen und somit feststellen, auf welchen Webseiten Sie surfen.

❯ Tipp 14

Wenn Sie das verhindern wollen, dürfen Sie entweder keine Cookies akzeptieren oder müssen die Cookies nach dem Besuch wieder von Hand löschen.

MIT TABLET-PCS BESSER UNTERRICHTEN

17

In 72 Prozent aller Haushalte, in denen Grundschüler leben, gibt es Smartphones bzw. Tablet-PCs (laut Studie „Grundschulkinder und Neue Medien", Tivola Publishing 2013). Viele Kinder haben bereits Erfahrungen mit mobilen Endgeräten, bevor sie in die Schule kommen.

Was spricht also dagegen, diese mobile Technologie auch im Unterricht einzusetzen? Gegenüber den alt hergebrachten PC-Räumen in Schulen birgt sie unzählige Vorteile:

Vorteile

- Tablet-PCs besitzen einen hohen Motivationsfaktor für Schüler.
- Sie können sehr individuell eingesetzt werden.
- Sie ermöglichen in heterogenen Lerngruppen eine bessere Differenzierung.

Achtung!

Oft bestehen auf Seiten von Eltern und Lehrern Bedenken gegen den Einsatz von Tablet-PCs im Unterricht. Diese lauten oft:

- Die Schüler lernen dann nicht mehr richtig lesen, schreiben und kopfrechnen.
- Zu Hause sitzen die Jugendlichen nur noch vor dem PC – muss das auch in der Schule sein?
- Schüler lernen nicht mehr miteinander, sondern nebeneinander her.

Nehmen Sie diese Einwände ernst und entkräften Sie sie:

- Tablet-PCs ersetzen nicht das selbstständige Denken und Handeln.
- Natürlich werden noch Kopfrechnen und Schönschrift geübt.

❯ Tipp 36
- Auch der Einsatz von Tablet-PCs kann in Gruppenarbeit geschehen, z.B. indem Schülergruppen gemeinsam Lehrvideos drehen (Tipp 36).

MIT LEUCHTTURM-PROJEKTEN STARTEN

18

Wenn Sie mit Tablet-PCs in der Schule arbeiten wollen, können Sie mit sogenannten Leuchtturm-Projekten starten.

Sie brauchen dafür nicht so viel Geld und können die Tablet-PCs aber schon sinnvoll im Unterricht verwenden.

Schaffen Sie am Anfang nur einige Tablet-PCs für Lehrkräfte an. Die wenigen Lehrkräfte (drei bis fünf) testen über einen längeren Zeitraum – etwa sechs bis zwölf Monate – den Einsatz der Tablet-PCs in der Schule.

Einsatzmöglichkeiten

Schon dabei sind unterschiedliche Einsatzmöglichkeiten denkbar:

❯ Tipp 73 bis 79
- Die Lehrkräfte nutzen die Tablet-PCs, um vorbereitete Tafelbilder mit Hilfe eines Beamers (Tipps 73 bis 79) zu projizieren und nutzen die eingebaute Kamera, um Buchseiten oder Arbeitsblätter an die Wand zu werfen. Diese

können dann an einem Whiteboard (Tipp 29) ausgefüllt und bearbeitet werden.

❯ Tipp 29

- Einfache Lernspiele/Lernapps (Tipp 25) können mit der ganzen Klasse zusammen gespielt werden (über Beamer/ Leinwand).

❯ Tipp 25

- Einzelne Schüler bekommen besondere Aufgaben für die Arbeit mit dem Tablet-PC, z. B. im Förderunterricht.
- Sie und die Schüler nutzen den Tablet-PC für Internet-Recherchen.

Dabei ist es sinnvoll, von Anfang an Vor- und Nachteile zu notieren und nach etwa einem halben Jahr damit zu beginnen, ein Konzept für die ganze Schule zu entwickeln. Dann können Ihre Kollegen bereits von Ihren Erfahrungen profitieren.

Erfahrungen bilanzieren

TABLETS FÜR DIE GANZE KLASSE

19

Wenn Sie viel Geld in der Schule zur Verfügung haben, schaffen Sie zunächst einen Klassensatz Tablet-PCs an, später vielleicht einen zweiten und dritten.
Rechnen Sie mit Investitionskosten von etwa 15 000 bis 20 000 Euro je Klassensatz (Preise: Stand 2014). Denn Sie benötigen:

Kosten

- 30 Tablet-PCs (bei vernünftiger Qualität: 500 Euro/Stück)
- Wagen, in denen eine Ladestation für die Tablet-PCs integriert ist (3000 Euro)
- einen Laptop, über den die Synchronisation erfolgt
- eine externe Festplatte zur Datensicherung
- diverse Kabel, WLAN-Router usw.

Die Tablet-PCs werden in einem Wagen gelagert, mit dem man in die Klassenräume fährt. Dort können alle Schüler einer Klasse individuell mit den Tablet-PCs arbeiten.
Haben Sie ein WLAN in der Schule? Dann gibt es keine Probleme mit dem Einsatz der Tablets. Haben Sie dies nicht,

verfügen Sie eventuell über einen Netzwerkanschluss in allen Klassenräumen. Dann können Sie mit Hilfe eines WLAN-Routers – der im Tablet-Wagen deponiert ist – problemlos ein Netzwerk für die Arbeit mit den Tablet-PCs herstellen.

Achtung!

Wenn Sie weder ein Schul-WLAN noch Netzwerk-Anschlüsse in den Klassenräumen haben, müssen Sie auf alle Online-Funktionen von Tablet-PCs verzichten – es sei denn, Sie schaffen Tablet-PCs an, die mobile Netzwerke

> Tipp 22   nutzen können (Tipp 22).

Davon raten wir Ihnen aber ab, weil hier Mobilfunkverträge nötig wären und diese einen unüberschaubar hohen administrativen Aufwand bedeuten würden.

TABLET-KLASSEN INS LEBEN RUFEN

20

Sind Sie, Ihr Kollegium, Eltern und Schüler von dem Einsatz von Tablet-PCs im Unterricht überzeugt, können Sie Tablet-Klassen bilden.

Eltern finanzieren

In Tablet-Klassen besitzt jeder Schüler ein eigenes individuelles Tablet, das durch die Eltern finanziert wird. Jeder Schüler trägt für sein eigenes Gerät die Verantwortung.

Das klingt auf den ersten Blick vielleicht etwas ungewöhnlich. Allerdings gibt es inzwischen eine Reihe von Unternehmen, die sich auf dieses Modell spezialisiert haben und Schulen bzw. Tablet-Klassen interessante Finanzierungsmodelle (in der Regel Leasing) anbieten. In diesen Modellen leasen die Eltern ein Gerät für zwei oder drei Jahre zu einem geringen monatlichen Beitrag und können es dann nach Ablauf der Leasing-Zeit übernehmen oder gegen ein aktuelles Gerät eintauschen.

Die Tablet-Klasse bietet den weitestgehenden Einsatz eines Tablet-PCs. Denn in diesem Modell wird der Tablet-PC zum zentralen Medium im Unterricht. Auf dem Tablet wird nicht nur in der Schule, sondern auch zu Hause gearbeitet. Das Tablet wird damit auch zum überlegenen Buchersatz. In der Regel können Schulbücher entfallen (womit dann auch das leidige Diskutieren über zu schwere Schultaschen erledigt wäre).

Gleich mal ausprobieren

Bevor Sie sich auf den Weg machen und die Idee der Tablet-Klassen umsetzen, sollten Sie reichlich Erfahrung mit dem Einsatz des Tablet-PCs in Schule und Unterricht sammeln. Außerdem sollten Sie Schulbuchverlage und Tablet-Anbieter in die Schule einladen, damit diese Ihnen ihre Möglichkeiten (und Grenzen) vorstellen können (Tipp 22).

❯ Tipp 22

EIN ÜBERZEUGENDES KONZEPT VORLEGEN

21

Nur wenige Schulträger können auf einen Schlag ihre Schulen flächendeckend mit modernen Medien ausstatten. Wollen Sie für Ihre Klasse, Ihren Fachbereich oder Ihre Schule Tablet-PCs anschaffen, so müssen Sie eventuell viele bürokratische Hürden überwinden.

Als Erstes benötigen Sie ein Konzept, aus dem Folgendes hervorgeht:

Inhalte
des Konzepts

- Was sind die vorrangigen Ziele des Einsatzes von Tablet-PCs an Ihrer Schule?
- Welche Möglichkeiten bieten Tablet-PCs, die Sie sonst nicht haben?
- Welche pädagogischen Begründungen gibt es für den Einsatz von Tablet-PCs?
- Wo sind die Kritikpunkte und wie kann man diesen begegnen?
- Welche unterschiedlichen Tablet-Modelle gibt es?
- Für welches Modell möchten Sie sich entscheiden und warum?
- Wie hoch ist der kurz-, mittel- und langfristige Kostenrahmen?

Laden Sie die kommunale Schulverwaltung in die Schule ein und stellen Sie Ihr Projekt vor. Zunächst halten Sie einen theoretischen Vortrag, geben ein paar Tablet-PCs herum und lassen die Zuhörer einige Funktionen ausprobieren. Dann zeigen Sie den Besuchern im Unterricht, wie motivie
❯ Tipp 17
rend Tablet-PCs sind (Tipp 17). Begeisterte Schüler sind immer noch das beste Argument.

Nehmen Sie dann Kontakt zu den potentiellen Entscheidern auf, also eventuell zu Stadtverordneten, Kreistagsmitgliedern, dem Bürgermeister usw. Appellieren Sie an die Innovationsfreude der Kommune (der Stadt, des Landkreises) und heben Sie die positive Ausstrahlung, die eine solche Entscheidung hätte, hervor.

Öffentliche Aufmerksamkeit nutzen
Laden Sie die Presse ein und führen Sie Ihr Projekt vor, immer mit der hoffnungsvollen Perspektive, dass die Gelder dafür im Haushalt der Stadt bereitgestellt werden.

Und am Ende nicht vergessen: Lassen Sie von den Schülern persönliche Dankeskarten an alle Entscheider schreiben.

Achtung!

Sie können auch die Eltern mit ins Boot holen, um die Schulverwaltung von der Anschaffung der Tablet-PCs zu überzeugen. Stellen Sie auf einem Infoabend für Eltern Ihr Projekt vor. Erwähnen Sie, dass das Projekt erst starten kann, wenn es von der Schulverwaltung genehmigt und finanziert ist. Sie glauben gar nicht, wie kreativ Eltern in solchen Situationen werden können.

Allerdings ist die Instrumentalisierung von Eltern eine Gratwanderung. Sie sollten auch auf keinen Fall eine Gegnerschaft zur Schulbehörde aufbauen!

22

Hier eine Empfehlung für ein bestimmtes Modell, einen Hersteller oder ein Betriebssystem auszusprechen, ist nicht möglich – zu schnell ändern sich der Markt, das Angebot, die Leistungsumfänge. Hilfreich ist eine Kriterienliste, anhand derer Sie sich entscheiden können.

Im Moment gibt es drei verschiedene marktführende **Betriebssysteme**:

- Android (Google)
- iOS (Apple)
- Windows 8 (Microsoft)

Gleich mal ausprobieren

Sprechen Sie mit Nutzern aller drei Betriebssysteme über deren Vor- und Nachteile. In der Regel wird jeder Nutzer von seinem verwendeten Betriebssystem am ehesten überzeugt sein. Trotzdem werden Sie bei genauerem Nachbohren auch etwas über die Schwachstellen erfahren.

Der **Preis** ist von entscheidender Bedeutung. Bei ganzen Klassensätzen handelt es sich gleich um Unterschiede von mehreren tausend Euro, was sich im Schulbudget oder im Budget des Fördervereins bemerkbar macht. Nutzen Sie unbedingt die Bildungsrabatte, die von den Herstellern angeboten werden.

Achtung!

Bedenken Sie nicht nur die Anschaffungskosten. Überlegen Sie auch, welche Folgekosten entstehen, nämlich für

- administrative Dinge (Zeitaufwand für Einrichtung und Verwaltung der Tablet-PCs)
- Anschaffung von Lern-Apps
- Anschaffung von Office-Software (Textverarbeitung, Tabellenkalkulation, Präsentation) (Tipp 2)
- Speichererweiterungen
- Hüllen, Stifte, Schutzfolien, Kabel, Adapter, WLAN-Router usw.

❯ Tipp 2

Lieferumfang Hardware

Überlegen Sie, was alles beim Tablet bereits von Anfang an dabei ist:

- Ladegerät?
- Kopfhörer?
- Schutzhülle?
- Anschlusskabel und Adapter?

Lieferumfang Software

Welche Programme sind bereits vorinstalliert oder kostenlos verfügbar?

- Textverarbeitung?
- Bildbearbeitung?
- Videoschnitt?
- Präsentation?

Bildschirm-Diagonale

Tablet-PCs gibt es in kleineren (etwa 7 Zoll) und größeren Varianten (etwa 10 Zoll). Für unterwegs eignen sich eher die kleineren Modelle, für den Einsatz im Klassenraum eher die größeren.

Speicher

Wie groß muss der eingebaute Speicher des Gerätes sein? Nehmen Sie möglichst nicht nur die Mindestausstattung, sondern gehen Sie es lieber etwas größer an. Der Speicher kann aber auch nachträglich erweitert oder es kann eine Speicherkarte verwendet werden.

❯ Tipp 9   Ob ein virtueller Cloud-Speicher (Tipp 9) verwendet werden kann (z. B. Dropbox oder iCloud) ist datenschutzrechtlich von Bundesland zu Bundesland unterschiedlich). Am sinnvollsten ist es, sich diesbezüglich mit der Schulverwaltung auszutauschen.

Schnittstellen

Schnittstellen wie USB-Anschlüsse, Bildschirm- und Drucker-Ausgänge usw. werden unwichtig, wenn Geräte in einem drahtlosen Netzwerk kommunizieren.

Verwaltungsprogramme für mehrere Geräte

Wichtig ist es, im Vorfeld zu klären, welche Programme für die Verwaltung mehrerer Tablet-PCs vorhanden sind (z. B. das kostenlose Apple-Programm „Configurator" für iPads). Es lohnt sich durchaus, diese vorher einmal auf ihre Tauglichkeit zu prüfen.

Bedienbarkeit

Die Bedienbarkeit des Tablet-PC sollte unkompliziert und intuitiv funktionieren. Hier gilt als Kriterium: Wenn Sie problemlos damit klar kommen, dann schaffen es Ihre Schüler erst recht.

Lern-Apps

Natürlich werden Sie Tablet-PCs im Unterricht verwenden, um mit Ihren Schülern mit Lernprogrammen (Lern-Apps) zu arbeiten (Tipp 25). Inzwischen werden viele Lernprogramme für unterschiedliche Plattformen programmiert und angeboten. Der „Google Play Store" und der „Apple App Store" umfassen Mitte 2014 gut 1 Million Apps, der Windows Phone Store etwa 170 000 Apps. (http://de.statista. com/statistik/daten/studie/208599/umfrage/anzahl-der-apps-in-den-top-app-stores)

❯ Tipp 25

Sicherheit

Bei Apple werden alle Apps einer hausinternen Eingangskontrolle unterzogen. Android hingegen ist ein offenes System.

WLAN oder mobiles Internet

Die Höhe der Anschaffungskosten ist auch davon abhängig, ob die Arbeit in einem drahtlosen Netzwerk (WLAN, Tipp 19) ausreicht oder ob man mobiles Internet benötigt. Die Nachteile am mobilen Internet sind neben höheren Anschaffungskosten auch die erhöhten laufenden Kosten durch Mobilfunknutzung sowie der erhöhte Verwaltungsaufwand, was Mobilfunkverträge bzw. Prepaid-Karten betrifft.

❯ Tipp 19

DIE TABLET-PCs VERWALTEN

23

Aufgaben der Tablet-Verwaltung

Sinnvoll ist es, wenn durch eine Lehrkraft die Verwaltung der Tablet-PCs gewährleistet wird. Sollten Sie diese Person sein, so drängen Sie Ihren Schulleiter, Ihnen dafür Abminderungsstunden zur Verfügung zu stellen. Schließlich tragen Sie nicht nur eine große Verantwortung, Sie haben damit auch umfangreiche Aufgaben übernommen:

- regelmäßige Kontrolle der Geräte auf
- Vollständigkeit
- äußerliche Schäden
- Zustand
- installierte Software und Dateien
- regelmäßige Installation von
- Aktualisierungen der Software
- neuen Programmen
- regelmäßige Datensicherung
- regelmäßige Überprüfung des Zubehörs
- Rechner, mit dem die Tablet-PCs synchronisiert werden
- Kabel
- Ladegeräte
- Kopfhörer
- Beamer
- externe Festplatten
- WLAN-Station
- Aufbewahrungswagen/Kasten
- Organisation und Führen eines Ausleihsystems

Dazu kommt, dass Sie sich regelmäßig zu Neuerungen im Bereich der Tablet-PCs fortbilden müssen, ggf. Messen besuchen sollten und den Kontakt zu anderen Schulen pflegen, die auch erfolgreich und umfassend mit Tablet-PCs arbeiten.

Der Einsatz von Tablet-PCs ist vielfältig. Alles, was Sie privat mit einem Tablet machen, können Sie auch in der Schule anwenden.

Da wäre als Erstes die Internetrecherche. Schnell mal was im Internet nachsehen – das muss man nicht nur zu Hause auf dem Sofa, das ist auch in fast jeder Unterrichtsstunde nötig (Tipp 11).

❯ Tipp 11

In manchen Schulen ist das Benutzen privater Mobiltelefone, Smartphones und Tablets nicht gestattet. Andere Schulen gehen den genau umgekehrten Weg:

BYOD – Bring your own Device – Bring dein eigenes Endgerät mit.

Das eigene Gerät mitbringen

BYOD hat Vor- und Nachteile. Die Schüler kennen sich zwar mit ihrem eigenen Gerät am besten aus, allerdings besteht auch ein größeres Sicherheitsrisiko, wenn sich Privatgeräte von Schülern in Schul-Netzwerken anmelden.

In jedem Fall ist aber die Recherche im Internet ein gutes Anwendungsbeispiel für die Verwendung von Tablet-PCs im Unterricht. Bei zentral verwalteten Tablets lässt sich durch die Synchronisationssoftware modifizieren, welche Internetseiten, Suchmaschinen (Tipp 15) und Enzyklopädien besucht werden dürfen oder gesperrt werden sollten.

❯ Tipp 15

LERN-APPS FINDEN

25

Inzwischen gibt es zahlreiche gute Lern-Apps für alle Fächer und Themengebiete. Teilweise sind die Lern-Apps reine Übungs-Apps, teilweise bieten sie aber weit mehr als nur Aufgaben, die abgearbeitet werden müssen: z. B. kann man mit einigen Apps für Physik und Chemie Experimente simulieren. Für Geschichtsthemen wie Mittelalter gibt es Apps, die Überblickswissen mit Karten, Bildern und Infotexten bieten.

Fast täglich entstehen neue und bessere Lern-Apps. Deswegen wird hier darauf verzichtet, einzelne Apps vorzustellen, die bei Erscheinen dieses Buches vielleicht überholt sind.

Es gibt nicht nur fach- oder themenspezifische Apps, sondern auch solche, die einem das Lernen grundsätzlich erleichtern, wie Karteikarten-Apps, Mindmapping-Apps (Tipp 4), Vokabeltrainer usw.

❯ Tipp 4

Gleich mal ausprobieren

Auf zahlreichen Internet-Angeboten werden Lern-Apps vorgestellt. Einige seien hier genannt:
- www.besonderekinderapps.de
- www.bestekinderapps.de
- www.beste-apps.chip.de

Den Unterricht dokumentieren

26

Tablet-PCs lassen sich hervorragend im Unterricht zur Dokumentation des Lernerfolgs, des Unterrichtsverlaufes oder der Ergebnisse einsetzen.

❯ Tipp 95

Filmen Sie Ihre chaotischste Klasse im Unterricht (Tipp 95) und zeigen Sie den Film danach Ihren Schülern – so manch einer wird sich, nachdem er sich selbst gesehen hat, vielleicht anders verhalten.

Filmen und Fotografieren

Fotografieren Sie Gruppenergebnisse, Plakate und Tafelbilder für Ihre eigene Dokumentation und lassen Sie die Schüler ihre besten Arbeitsergebnisse für das persönliche Portfolio dokumentieren.

Filmen Sie Ihren Lehrervortrag zu einem bestimmten Thema. Die Schüler, die nicht da waren (und die, die nicht aufgepasst haben), können ihn sich noch einmal ansehen.

Natürlich müssen Sie die Persönlichkeitsrechte der Schüler beachten. Kein Film wird ins Netz gestellt oder außerhalb der Klasse gezeigt, auch nicht auf Elternversammlungen. Sie brauchen unbedingt die Erlaubnis der Eltern, wenn Sie das Material weitergehend verwenden wollen.

Gleich mal ausprobieren

Die Klasse lernt ein neues Lied. Nach dem ersten Anhören der Musik und dem Mitlesen des Textes muss nun das erste Mal mitgesungen werden. Das wird mit Hilfe des Tablets gefilmt. Die Klasse sieht sich das Ergebnis an und überlegt, wo noch Entwicklungspotenzial ist. Dann wird geübt, Instrumente werden dazu genommen, eine Choreografie wird einstudiert und nach vier bis fünf Unterrichtsstunden gibt es ein richtig tolles Ergebnis. Das wird wiederum gefilmt und mit der Ausgangslage verglichen – der Lernzuwachs wird mehr als deutlich.

Nun sollte das gedrehte Video nicht bei YouTube oder auf der Schulhomepage landen, es könnte aber immerhin auf dem nächsten Klassenelternabend den Eltern vorgeführt werden, wenn Ihre Schülerinnen und Schüler damit einverstanden sind.

MIT TABLETS PRODUKTE ERSTELLEN

27

Tablet-PCs eignen sich hervorragend dazu, im Unterricht auf hohem Niveau kreativ zu werden und eigene Produkte zu erstellen.

Fotos

Da Tablets meist über eine eingebaute Kamera verfügen, können Sie Produkte aus dem Unterricht wie Bilder und Werkarbeiten gut dokumentieren. Werden diese dann von den Schülern selbstständig auf den Schul-Account einer Cloud (Tipp 9) geladen (z. B. www.box.com oder www. dropbox.com), können Sie als Lehrkraft zu Hause die fotografierten Werke bewerten, ohne diese mitnehmen zu müssen.

❯ Tipp 9

Schülergruppen können auch Standbilder erstellen, diese fotografieren und dann damit arbeiten.

Fotos können mit kostenlosen Bildbearbeitungs-Apps verändert, verbessert oder verfremdet werden.

Filme

Tipp 95 Was für die Fotos gilt, gilt auch für Filme (Tipp 95). Mit dem Tablet ein Video zu drehen, ist kinderleicht. Etwas komplizierter wird es beim Video-Schnitt, aber auch hierfür gibt es gute Apps mit einer intuitiven Benutzerführung (für das iPad z. B. iMovie).

Zum einen können Schauspielszenen und Rollenspiele gedreht und dokumentiert werden, zum anderen kann man auch Lerninhalte über Lernvideos vermitteln. Lassen Sie z. B. einzelne Schülergruppen unterschiedliche Aspekte eines Themas erarbeiten und einen kurzen Film dazu drehen. Diesen schauen sich die anderen Schülergruppen dann an und beantworten anschließend einige Fragen.

Im Musikunterricht können einzelne Schüler(gruppen), die sich nicht trauen, vor der Klasse zu singen oder zu musizieren, ein Video aufnehmen, das sich die Lehrkraft dann ansieht.

Musikstücke

❭ Tipp 25 Einfache Musik-Apps (Tipp 25) erlauben es den Schülern, Musik zu spielen, zu komponieren und aufzunehmen, z. B. Rockmate, GarageBand oder einfach Klavier-Tastaturen.

Texte

Das am leichtesten zu erstellende Produkt auf dem Tablet-PC ist immer noch der Text. Natürlich kann der Tablet wie
❭ Tipp 2 ein normales Textverarbeitungsprogramm (Tipp 2) genutzt werden. Texte, Gedichte und Geschichten können geschrieben, formatiert und gedruckt, ja, sogar automatisch vorgelesen werden.

Bilder

❭ Tipp 25 Einfache Mal-Apps (Tipp 25) erlauben es, den Tablet-PC zum Malen und Zeichnen zu verwenden.

28

Zu den methodischen Basiskompetenzen und Schlüssel-qualifikationen gehört auch die Präsentationskompetenz.
Mit entsprechenden Apps (für das iPad z. B. Keynote) lassen sich relativ unaufwändig und intuitiv ansprechende Präsentationen erstellen.
Darüber hinaus gibt es plattformunabhängige, online-basierte, ansprechende Präsentationsprogramme (Tipp 2), die immer beliebter werden, wie z. B. Prezi. Diese Programme sind besonders gut geeignet, wenn keine Präsentations-Apps auf dem Tablet-PC vorhanden sind.

❯ Tipp 2

Um die Ecke gedacht

> Bei Prezi wird auf einem virtuellen großen Blatt Papier eine Präsentation erstellt. Man kann sich mausgesteuert durch Hinein- und Herauszoomen durch die Präsentation bewegen. Die einzelnen Objekte (Inhalte) auf dem Blatt werden durch einen Pfad miteinander verbunden, sodass man sich wie in einem virtuellen Flug von Content zu Content bewegt.

Beim Erstellen von Präsentationen auf dem Tablet-PC gilt wie für alle anderen Präsentationen auch: Letztendlich kommt es auf den Inhalt an – und nicht darauf, wie toll alles animiert ist und wie hübsch es aussieht. Das muss man den Schülern immer wieder bewusst machen (Tipps 45 bis 72).

❯ Tipp 45 bis 72

Am besten geht es – trotz aller moderner Technik – mit einer Gliederung auf Papier los.
„Ein Text ist nicht dann vollkommen, wenn man nichts mehr hinzufügen, sondern nichts mehr weglassen kann."
(Antoine de Saint-Exupéry, 1900–1944)

29

An immer mehr Schulen hat die alte, grüne Schultafel bereits ausgedient. Entweder werden die Schultafeln durch Whiteboards (weiße, kunststoffbeschichtete Tafeln) ersetzt, die mit Boardmarkern beschrieben werden können oder es werden elektronische, sogenannte interaktive, digitale Whiteboards eingeführt, die jeweils mit einem Computer verbunden sind.

Verschiedene Produktnamen

Teilweise werden die Produktnamen „Smartboard" und „Activboard" der verbreitetsten Anbieter auch als Gattungsnamen verwendet.

Diese interaktiven Whiteboards sind Tafel und elektronische Projektionsfläche zugleich.

❯ Tipp 73 bis 79

Sie können mit speziellen Stiften elektronisch „beschrieben" werden, mittels Beamer-Technologie (Tipps 73 bis 79) kann man aber auch Abbildungen, Tabellen, Internetseiten, Filme, Fotos von einem angeschlossenen Computer projizieren.

Vor allem in England, aber auch in anderen europäischen Staaten sind die digitalen Schultafeln seit viel mehr Jahren als in Deutschland im Einsatz und wesentlich stärker verbreitet. Damit sind Schulen und Lehrkräfte in diesen Ländern auch wesentlich erfahrener im Umgang mit ihnen.

Sie können Tabellen oder Grafiken projizieren, die dann an der Tafel vervollständigt werden. Tafelbilder können in mehreren Stadien angelegt, gespeichert, ausgedruckt und wiederverwendet werden. Außerdem besteht die Möglichkeit, durch eine angeschlossene Objektkamera Objekte oder auch Papier-Arbeitsbögen und Buchseiten an die Tafel zu projizieren und dann dort digital zu beschriften.

Achtung!

Die Anschaffung und Verwendung von interaktiven Whiteboards sollte immer gründlich durchdacht, geplant und in einem schulinternen Medienkonzept verankert sein.

Es gibt eine Reihe unterschiedlicher Systeme von interaktiven Whiteboards, wobei man an zwei großen Marktführern nicht vorbei kommt.

Achtung!

Vor der Anschaffung der ersten Whiteboards für die Schule muss überlegt werden, auf welches System man sich grundsätzlich für die Schule festlegt. Es ist wenig ratsam, beide Systeme in der Schule zu fahren, weil dies einen erhöhten Verwaltungsaufwand erfordert. Die Systeme sind nicht kompatibel und haben unterschiedliche Systemsoftware.

Bei einem System schreibt man auf einer druckempfindlichen Tafel mit einem stumpfen Stift oder mit einem beliebigen anderen Gegenstand, z. B. mit einem Finger.

Das andere System arbeitet mit einer Induktionsspule, die die elektromagnetischen Impulse eines besonderen Stifts aufnimmt.

Zwei Systeme am Markt

Um die Ecke gedacht

Die Anschaffung von interaktiven Whiteboards ist langfristig mit einem sehr hohen Kostenfaktor verbunden. Insofern lohnt es sich, ausführlich zu vergleichen (z. B. auf Bildungsmessen) und sich von den unterschiedlichen Anbietern beraten zu lassen, die auch gerne in der Schule ihre Produkte präsentieren.

Seien Sie Anbietern gegenüber kritisch, die die Produkte des Konkurrenten schlecht machen.

Bekannte Anbieter

Einige Anbieter sind:

Promethean - www.prometheanworld.de

PolyVision - www.polyvision.com

eInstruction - www.einstruction.de

SMART Technologies - www.smartboard.de

Hitachi - www.hitachisoft.de

Klären Sie auf jeden Fall folgende Aspekte:
- Anschaffungskosten
- Folgekosten
- Wartungsservice
- Systemsoftware
- benötigte Computersysteme
- Garantie bei Vandalismus

DAS RICHTIGE ZUBEHÖR ANSCHAFFEN

31

Wenn Sie ein interaktives Whiteboard anschaffen möchten, vergessen Sie nicht, dass die finanzielle Investition mit Folgekosten für die Anschaffung vielfältigen Zubehörs verbunden ist.

Was brauchen Sie also noch?

Sie benötigen einen PC, an den das Whiteboard angeschlossen werden soll. Dieser wird voraussichtlich auf Ihrem Lehrerschreibtisch stehen.

Benötigtes Zubehör Der Lehrerschreibtisch muss eventuell ein Computertisch sein, in dem der PC selbst verschlossen aufbewahrt werden kann.

Es ist hilfreich, einen eigenen Drucker zu haben, über den Tafelbilder direkt ausgedruckt und an die Schüler weitergegeben werden können.

Eine Reihe von Kabeln müssen durch den Raum vom Whiteboard zum Stromanschluss, eventuell zu einem Audiosystem und zum PC abgesichert in Kabelkanälen verlegt werden.

Ein Internetanschluss muss in PC-Nähe vorhanden sein, sofern es keinen WLAN gibt.

Wenn Sie kein im Whiteboard eingebautes Audiosystem verwenden, muss dieses zusätzlich angeschafft und angeschlossen werden

Damit Sie Objekte, Buchseiten oder Arbeitsblätter an die Wand projizieren können, benötigen Sie eine Dokumentenkamera.

Für die Datensicherung ist eine externe Festplatte, ein Schulserver oder ein Cloud-Speicher (Tipp 9) notwendig. Ein Sicherungsprogramm sollte automatisch regelmäßig die Sicherung der Daten vornehmen.

❯ Tipp 9

Neben der Whiteboard-Software, die es Ihnen ermöglicht, auf dem Whiteboard mit einem Stift zu schreiben, benötigen Sie eventuell weitere besondere Software für den Fachunterricht, z. B. ein Mathe-Tool mit digitalem Zirkel und Geodreieck. Außerdem müssen Sie eventuell Software zu den von Ihnen verwendeten Schulbüchern anschaffen.

Eine Reihe von Ersatzteilen sind nötig, z. B. Ersatzstifte, Ersatzkabel, Batterien, ggf. nach einiger Zeit ein neuer Beamer oder Ersatzlampen (Tipp 79) usw.

❯ Tipp 79

Ganz werden Sie auf die normale Schultafel nicht verzichten wollen und können. Deswegen benötigen Sie eventuell ein zusätzliches normales Whiteboard im Klassenraum oder ein interaktives Whiteboard mit „normal" beschreibbaren Flügeln. Aber Achtung: Die Gefahr ist groß, versehentlich mal mit den normalen Stiften das interaktive Whiteboard zu beschriften. Und das kann richtig zu Problemen führen (Tipp 37).

❯ Tipp 37

VORTEILE DER WHITEBOARDS KENNEN

32

Die Nutzung von interaktiven Whiteboards im Unterricht hat zahlreiche pädagogische und mediale Vorteile. Einige zentrale Vorteile seien hier genannt:

- Das interaktive Whiteboard hat durch seine vielfältigen medialen Möglichkeiten einen hohen Aufforderungs- und Motivationscharakter für den Unterricht.
- Interaktive Whiteboards ermöglichen es, zentrale und wichtige Inhalte für alle gut wahrnehmbar zu präsentieren.
- Schüler können mit Hilfe des Whiteboards ihre Präsentationskompetenz und ihre Medienkompetenz weiterentwickeln.

Durch die Verwendung von interaktiven Whiteboards stehen Ihnen vielfältige multimediale Unterrichtsmittel zur Verfügung wie Lernprogramme, Demonstrationssoftware, Filme (Tipp 83), Internetseiten, Enzyklopädien, Suchmaschinen usw. (Tipp 93).

❱ Tipp 83
❱ Tipp 93

Die Interaktivität ermöglicht es, im Unterrichtsfortgang unterschiedliche Thesen zu überprüfen, verschiedene Schritte nachzuvollziehen und rückgängig zu machen, alle einzelnen Schritte zu dokumentieren, zu speichern und ggf. auszudrucken oder zu versenden.

Alle Vorteile des Einsatzes eines Beamers hat auch der Einsatz eines Whiteboards (z. B. das Zeigen von Fotos, Diagrammen usw.).

Das aufwändige Erstellen von Folien für den Tageslichtprojektor (mit dem Kopierer/Drucker oder von Hand) entfällt.

Der Einsatz des interaktiven Whiteboards bereichert den Unterricht mit vielen neuen Methoden.

Wenn Sie eine katastrophale Handschrift haben: Tippen Sie Ihre Tafeltexte am PC direkt während des Unterrichts auf das Whiteboard. Endlich können die Schüler lesen, was Sie schreiben.

Handschriften-
erkennung

Die integrierte und sehr leistungsfähige Handschriftenerkennung hilft, Texte gut lesbar zu machen, die handschriftlich auf der Tafel geschrieben wurden.

NACHTEILE DER WHITEBOARDS KENNEN

33

Interaktive Whiteboards haben auch eine Reihe von Nachteilen gegenüber herkömmlichen Schultafeln, die man unbedingt vor der Anschaffung bedenken muss.

Jedes einzelne interaktive Whiteboard hat, einschließlich des umfangreichen, notwendigen Zubehörs, der mit einzukalkulieren ist, sehr hohe Anschaffungskosten (zwischen 2000 und 5000 Euro je Klassenraum sind zu kalkulieren, Tipp 31).

❱ Tipp 31

Die Folgekosten für regelmäßig zu aktualisierende Software, Internetzugang, Verbrauchsmaterialien, Stromverbrauch, Ersatzteile müssen bedacht werden.
Ein hoher Kostenfaktor ist die Wartung.
Die Gefahr des Vandalismus oder des versehentlichen Beschädigens (z. B. durch die Nutzung normaler Whiteboard-Marker) ist bei diesem empfindlichen Medium groß.

Folgekosten

Ein Medium ist nur so gut wie der Nutzer, der damit arbeitet. Das bedeutet für das interaktive Whiteboard: Umfangreiche Schulungen und viel Übung sind nötig, bis man das interaktive Whiteboard sicher nutzen kann. Dabei geht es nicht darum, die Grundfunktion „Schultafel" zu beherrschen – dann könnte man auch gleich bei der alten Schultafel bleiben (Tipp 29). Es ist vielmehr wichtig, den „Mehrwert" gegenüber der Schultafel zu kennen und anwenden zu können.

❯ Tipp 29

Ein Problem ist die kleinere Arbeitsfläche als auf einer ausklappbaren Schultafel. Daran muss man sich gewöhnen.
Methodische Vereinsamung kann eine weitere Gefahr darstellen – die Schüler schreiben z. B. nur noch Texte aus dem Internet ab oder schreiben gar nicht mehr und sehen stattdessen nur noch Filme.
Das Schreiben am Whiteboard ist längst nicht so leicht wie an der Schultafel und bedarf einiger Gewöhnung.
In hellen Räumen sind Tafelbilder sehr schlecht lesbar. Hier ist allerdings mit fortschreitender Entwicklung eine Verbesserung zu erwarten. Es ist davon auszugehen, dass in wenigen Jahren interaktive Whiteboards, bestehend aus Tafel und Beamer durch überdimensionale interaktive Bildschirme (ohne Beamer) abgelöst werden.
Bei technischen Problemen (z. B. mit dem PC, der Software oder dem Internetzugang) kann das Whiteboard eventuell nicht benutzt werden. Hier ist das Improvisationstalent des Lehrers gefragt.

Methodische Vereinsamung

Lesbarkeit

Technische Probleme

34

Sie stehen das erste Mal alleine vor der digitalen Tafel. Wie gehen Sie vor?

Achtung!

Versuchen Sie nicht, in Ihrer ersten Unterrichtsstunde mit dem interaktiven Whiteboard das gesamte, Ihnen nun zur Verfügung stehende, multimediale Repertoire anzuwenden.

Benutzen Sie in Ihren ersten Stunden das Whiteboard nur als klassische Schultafel. Sie erstellen darauf im Verlauf der Unterrichtsstunde ein Tafelbild (Tipp 29). So gewöhnen Sie sich an die neue Art, zu schreiben, an den Stift, den virtuellen Tafelschwamm usw. Beschränken Sie sich darauf, nur zu schreiben – am besten mit einer Farbe.

Gelingt Ihnen das sicher, können Sie nach und nach Hilfsmittel hinzunehmen. Wechseln Sie die Farbe des Stiftes, wenn Sie normalerweise eine andersfarbige Kreide verwenden würden – und nicht, nur weil Sie die Möglichkeit dazu haben.

❯ Tipp 29

❯ Tipp 32

Machen Sie sich mit der Handschriftenerkennung (Tipp 32) vertraut. Dann können Sie eine handschriftliche Überschrift umwandeln lassen, eine Schriftart verändern, die Größe variieren und die Überschrift unterstreichen.

Achtung!

Alle Vorteile, die die digitale Tafel mit sich bringt, funktionieren erst dann richtig gut, wenn Sie sie mühelos beherrschen. Es gibt nichts Schlimmeres für Schüler, als ewig zu warten, nur weil der Lehrer es mal wieder nicht hinbekommt, das falsche Wort wegzuwischen oder es zu korrigieren. Investieren Sie also ausreichend Zeit, um sich in die technischen Möglichkeiten einzuarbeiten.

Beherrschen Sie die Grundtechniken des Schreibens an der Tafel, dann zeigen Sie Ihren Schülern, was das Whiteboard noch kann. Integrieren Sie Bilder in Ihr Tafelbild oder ein kleines Video (Tipp 35). Das reicht für den Anfang.

❯ Tipp 35

Achtung!

> Es wird wahrscheinlich nicht lange dauern, dann beherrschen Ihre Schüler das interaktive Whiteboard besser als Sie. Nutzen Sie die Medienkompetenz Ihrer Schüler und nehmen Sie Unterstützung dankbar an. Das macht Sie authentisch und liebenswürdig!

BEIM TAFELBILD AUFPASSEN

35

Das Tafelbild am Whiteboard bietet unzählige Möglichkeiten unterschiedlicher Gestaltung. Hat man früher mit zwei oder drei verschiedenen Kreidefarben und der eigenen Handschrift (in Schreib- oder Druckschrift) alles erledigt, so sind der gestalterischen Kreativität auf dem Whiteboard praktisch keine Grenzen gesetzt. Das ist schön, birgt aber auch Gefahren.

Aus eigener Erfahrung wissen Sie, dass man Texte, die man korrigieren soll, besser auf einem Blatt Papier als an einem Bildschirm lesen kann. Für die elektronische Darstellung von Inhalten ist also vor allem ein Grundsatz zu beachten: Weniger ist mehr.

Das Tafelbild soll ja vor allem Inhalte vermitteln und veranschaulichen. Deswegen sind einige Tipps, die für die Erstellung digitaler Präsentationen gelten, auch für das Tafelbild am Whiteboard zu beachten:

Inhalte veranschaulichen

- Je einfacher die Abbildung und Gesamtaufteilung des Tafelbildes ist, umso besser.
- Es sollten auf der Tafel maximal sieben Gliederungspunkte mit insgesamt etwa 40 bis 50 Wörtern stehen (Tipp 66).

❯ Tipp 66

- Ausschmückende Elemente am Rand, die nichts mit dem Inhalt zu tun haben (Blümchen, Schmuckrahmen usw.), lenken vom Thema ab und haben im Tafelbild nichts zu suchen.
- Die Schrift darf insgesamt nicht zu klein sein. Auch in der letzten Reihe sollten die Schüler noch etwas erkennen können.
- Erstellen Sie Tafelbilder am PC und nicht an der Tafel selbst, dann achten Sie darauf, dass Sie nur einfache und klar lesbare Schriften wie Arial und Calibri verwenden. Verzichten Sie auf Zierschriften, Handschriften usw. (Tipp 52).

❯ Tipp 52

- Schriften dürfen fett und kursiv dargestellt werden, aber möglichst nicht unterstrichen, da die Unterstreichung Buchstaben mit Unterlängen (q, p, g, y) schlechter lesbar werden lässt (Tipp 54).

❯ Tipp 54

- Seien Sie bei der Verwendung unterschiedlicher Farben sehr zurückhaltend. Schwarze Schrift auf weißem Grund ist das Beste, anders herum geht es auch, allerdings ist weiße Schrift auf schwarzem Grund trotz guten Kontrastes ermüdend. Arbeiten Sie keinesfalls mit Komplementärfarben (rote Schrift auf grünem Grund oder umgekehrt). Das ist wegen schlechter Lesbarkeit absolut verboten (Tipp 55).

❯ Tipp 55

AUF DIE UNTERRICHTSFORM ABSTIMMEN

36

Pädagogisch-didaktisch gesehen scheint das interaktive Whiteboard auf den ersten Blick ein Rückschritt zu sein. Es ist ein Medium, das vorwiegend frontal eingesetzt wird. Das ist nicht bestreitbar. Jedoch bietet es trotzdem viele Vorteile.

Um die Ecke gedacht

Was spricht dennoch dafür, die digitale Tafel in einem modernen, offenen Unterricht zu verwenden?

> Wie die normale Schultafel auch darf das interaktive Whiteboard nicht zum einzigen Medium und zur einzigen Methode im Unterricht werden.
>
> Es hat seine Berechtigung aber durchaus bei der Einführung in ein Thema, bei der Präsentation eines Referates oder beim Zeigen einer Animation bzw. eines Films.
>
> In Gruppenarbeitsphasen oder im schülerorientierten Unterricht beschäftigen sich die einzelnen Gruppen zur gleichen Zeit mit unterschiedlichen Themen, Methoden und Medien. Eine Gruppe nutzt das interaktive Whiteboard, die anderen Gruppen erarbeiten Inhalte, Übungen usw. mit anderen Medien und Methoden.

Wie schon geschrieben kann ein interaktives Whiteboard in frontalen Unterrichtsformen oder Stundenphasen „missbraucht" werden, es fördert allerdings sowohl die Medienkompetenz als auch die Präsentationskompetenz seiner Nutzer.

Medien- und Präsentationskompetenz

Die „direkte Instruktion" als erwiesenermaßen erfolgreiche Unterrichtsform (siehe Hattie u. a.) kann vor allem mit Hilfe des interaktiven Whiteboards angewendet werden.

Achten Sie beim Einsatz also darauf, die echten Stärken des Mediums zu nutzen und es nicht nur als Ersatz der alten Schultafel einzusetzen.

SCHÄDEN VERMEIDEN

37

Für den nicht interaktiven Teil des Unterrichts bleibt eine Kreidetafel oder ein normales Whiteboard im Klassenzimmer wichtig. Es gibt auch interaktive Whiteboards, die traditionell beschreibbare Klappflügel haben.

Grundsätzlich besteht hier jedoch das Risiko, dass Sie im Stress einmal versehentlich mit dem Board-Marker eines normalen Whiteboards auf der elektronischen Tafel schreiben. Das gibt Ärger mit dem IT-Beauftragten.

Achtung!

> Durch eine klassische Kreidetafel wird sehr viel Staub im Klassenzimmer produziert. Dieser ist für einen Beamer absolut schädlich: Optik und Luftfilter verschmutzen und sind nur mühsam zu reinigen. Auch ein glatter Fußboden führt zu viel aufgewirbeltem Staub. Deswegen empfiehlt sich in Whiteboard-Räumen ein Belag mit Teppichboden, was allerdings nicht gerade allergikerfreundlich ist.
> Außerdem sollten Whiteboard-Räume nicht mit Straßenschuhen betreten werden, was sich als deutlich lebensverlängernd für Beamer erwiesen hat.
> Regelmäßig sollten Whiteboards mit Spezialreinigern von Ablagerungen befreit werden.

SOCIAL MEDIA KRITISCH BETRACHTEN

38

Im Kommunikationszeitalter

Social Media – so nennt man alle digitalen Medien und Technologien, mit denen Menschen kommunizieren und an denen sie partizipieren können. Das geht digital über das Internet, via Smartphone oder Computer rund um die Uhr. Wir leben im Kommunikationszeitalter und so können alle Menschen sich mitteilen bzw. miteinander kommunizieren, unabhängig von ihrem Standort, global und grenzenlos.

Ihre Schüler gehören sicher auch zu den Nutzern dieser Medien; Sie selbst vielleicht auch.

Grund genug, um die wichtigsten Webseiten bzw. Social-Media-Dienste zu kennen (in Klammern zuerst die weltweiten, dann die Nutzerzahlen aus Deutschland; geschätzt aufgrund verschiedener Studien zum Thema, nachzulesen z. B. auf diesem Blog: https://buggisch.wordpress.com):

Wichtige Social-Media-Dienste

- Facebook (900 Mio/27 Mio Nutzer)
- Twitter (310 Mio/1 Mio Nutzer)
- Linkedin (255Mio/4,5 Mio Nutzer)
- Pinterest (250 Mio/1,5 Mio Nutzer)
- Google+ (120 Mio/9 Mio Nutzer)

Danach folgen nennenswert noch
- Tumblr.
- Instagram
- VK
- Flickr

(jeweils zwischen 65 bis 110 Mio Nutzer weltweit)

Einen großen Zuspruch erfährt WhatsApp, das ist eine Nachrichten-App für Smartphones, mit der man Texte, Filme und Bilder unabhängig von einer Plattform über das Internet austauschen kann (Tipp 44); inzwischen nutzen 20 Mio. Deutsche diese App, Tendenz steigend.

❯ Tipp 44

So groß diese Zahlen auch erscheinen mögen, im Vergleich zur Weltbevölkerung von derzeit mehr als 7 Mrd. Menschen sind es doch wieder nur erstaunlich wenige Menschen, die an dieser Kommunikation teilnehmen bzw. die Möglichkeit dazu haben.

Achtung!

Wann immer Sie selbst oder Ihre Schüler mit den Social Media Tools umgehen und kommunizieren: Achten Sie darauf, dass Ihre Botschaft auch wirklich ankommt.

Bei Empfängern nachfragen

Fragen Sie bei den Empfängern nach; lassen Sie sich die verstandenen Botschaften zusammengefasst wiedergeben.

Die technische Voraussetzung zur Kommunikation, die mit diesen „sozialen Netzwerken", wie sie auch genannt werden, gegeben ist, heißt noch nicht, dass damit auch immer gut kommuniziert werden kann.

Viele der o. g. Medien setzen auf eine limitierte Anzahl von Zeichen, Fotos oder Kommunikation per sogenannten Likes. Insofern wird immer verkürzt, oft einseitig und ungenau kommuniziert, was zu Missverständnissen führen kann.

Zur intensiven Kommunikation sind diese Medien also eher nicht geeignet!

39

Das größte unter den sozialen Netzwerken ist Facebook. Die 2004 gegründete Website hat über eine Milliarde Mitglieder. Diese können auf Facebook ein Profil erstellen, Nachrichten und Fotos posten und Freunde sammeln.

Von Anfang an stand Facebook im Verdacht, mit den eingestellten Daten sehr großzügig umzugehen. Immer wieder **Datensicherheit** musste an der Datensicherheit nachgebessert werden. Bis heute ist die Sicherheit der eigenen Daten zweifelhaft.

Achtung!

Vorsicht mit eigenen Bilder in Facebook. Beim Hochladen und Veröffentlichen akzeptieren Sie (und alle Nutzer, auch Ihre Schüler), dass Facebook diese Bilder ohne Entgelt für eigene, auch kommerzielle Zwecke nutzen kann.

Das heißt: Sie wissen nie, wann Sie Ihre Bilder irgendwo anders in Werbung, Film oder Fernsehen wiedersehen. Wer das nicht möchte, sollte dort keine Bilder hochladen und veröffentlichen.

Für gewisse Arten der Kommunikation kann Facebook durchaus nützlich sein. Gerade wenn viele Menschen einem Ereignis folgen wollen – z. B. einer Klassenfahrt – ist eine entsprechende Facebookseite eine gute Möglichkeit.

Schüler können dort den Reiseverlauf beschreiben, Bilder hochladen, Dinge kommentieren. Und die Eltern, Geschwister und Freunde können zuhause quasi life diese Berichte lesen, Fotos ansehen und entsprechend kommentieren (Tipp 43).

❯ Tipp 43

Auch für die direkte Kommunikation gibt es hier entsprechende Tools.

Achtung!

Nicht jeder soll Zugang zur Klassenreise auf Facebook haben! Deshalb müssen die richtigen Einstellungen beim Einrichten der Facebookseite beachten werden.

Wer hier nicht bereits am Anfang sehr sorgfältig auf die gewünschte Privatsphäre achtet, hat im Nachhinein oft keine Chance mehr, diesen Fehler wieder zu reparieren. Was einmal im Internet veröffentlicht wurde und von allen gesehen werden konnte, ist nicht mehr rückgängig zu machen. Hier gilt leider der Satz: „Das Internet vergisst nie!"

Seien Sie sehr vorsichtig damit, wer alles die Bilder und Texte ansehen darf. Gerade Seiten von Schülern und jungen Menschen locken auch immer wieder Menschen mit zweifelhaften Motiven an. Dem können Sie mit entsprechenden Einstellungen begegnen.

Die notwendigen Einstellungsmöglichkeiten finden Sie bei facebook unter: Privatsphäre-Einstellungen und Werkzeuge (Symbol Schloss mit drei Strichen rechts, rechts oben auf der Seite.)

Privatsphäre-Einstellungen

Gleich mal ausprobieren!

Legen Sie gemeinsam mit Ihren Schülern einen Facebookaccount für die Klasse an. Gehen Sie alle Schritte und Einstellungen zur Privatsphäre mit den Schülern durch. Lassen Sie die Schüler lesen, was dort steht. Fragen Sie, ob die Schüler wirklich verstanden haben, was gemeint ist. Erklären Sie die Reichweite und Konsequenzen der einzelnen Einstellungen. Fragen Sie die Schüler, ob sie das wirklich so wollen. Erklären Sie bei Bedarf erneut. Geben Sie Ihre eigene Einschätzung der Folgen und besprechen Sie dies mit den Schülern.
Nutzen Sie als Beispiele zur Diskussion krasse Fotos, extreme Äußerungen und sehr private Dinge. Fragen Sie nach: Wollen wir das in einem Jahr, in fünf und in zwanzig Jahren noch veröffentlicht wissen (für alle oder auch nur eingeschränkt sichtbar)? Lassen Sie dann die Schüler erneut entscheiden.

Der fixen Idee folgend, dass 140 Zeichen für Kommunikation ausreichend sind, wurde Twitter 2006 gegründet. Wer kommunizieren will, errichtet einen Twitter-Account. Dort kann jeder sich anmelden („follower" werden) und erhält dann alle Meldungen des Account-Inhabers auf sein Smartphone oder auf den Computer.

Mit verschiedenen Zeichen wie Hashtags (#) oder dem aus E-Mails bekannten @ können andere Twitter-Accounts oder Personen auch direkt angesprochen werden. Webseiten und Bilder können ebenfalls per URL „getweetet" werden.

Möglichkeiten der Nutzer

Die Nutzer können antworten, retweeten oder favorisieren. So können kurze Meldungen, Gedanken und Erfahrungen wie telegrammartige Kurznachrichten schnell ausgetauscht werden, Diskussionen entstehen und Informationen werden schnell an eine große Zahl von Empfängern verschickt. Die Begrenzung auf 140 Zeichen führt allerdings oft zu stark verkürzten Statements.

Achtung!

Als eingeschränktes Informationstool ist Twitter sicherlich sinnvoll, aufgrund der beschränkten Zeichen aber nicht für wirkliche Kommunikation geeignet. Das Benutzen von Wortfragmenten und Abkürzungen macht dabei die Verständlichkeit nicht besser.

Hier ein paar Original-Beispiele zur Veranschaulichung:
- #Verlängerungsschlaf, oft gefolgt von #elfmetererwachen, kenn ich jetzt auch. #NEDARG
- Auf Wiedersehen, Tobi @zumak und: Beste. http://open.spotify.com/track/2DAvzg5W3y9LSrGaXRyOAu ... #beste
- Warme Grautöne oder kalte für Herbst/Winter14/15? Warm bitte RT, kalt bitte Fav. Danke :)

Man muss also schon Eingeweihter sein, um manchen Tweets folgen zu können. Profis macht das vielleicht Spaß, für den Laien ist es eher mühsam.

Twitter ist ein Tool für eine ganz bestimmte Art der Kommunikation. Inwieweit es sinnvoll im Unterricht eingesetzt werden kann, entscheidet der Einzelfall. Nötig ist Twitter für den Unterricht nicht.

Gleich mal ausprobieren!

Fragen Sie nach, wer von den Schülern Twitter nutzt. Fragen Sie diese Schüler, wofür sie Twitter nutzen und warum. Überlegen Sie mit allen Schülern, ob eine Kommunikation über Twitter für die Arbeit in der Klasse und zu den aktuellen Themen sinnvoll wäre.

Diskutieren Sie auch den Aspekt, dass damit Informationen veröffentlicht werden und die ganze Welt sie lesen kann. Suchen Sie nach Alternativen zu Twitter. Fragen Sie, ob es für den Einsatz im Unterricht wirklich hilfreich wäre. Überlegen Sie, was die Vorteile sein könnten, aber auch, was dabei verloren geht.

Legen Sie dann entweder fest, wie Sie im Unterricht Twitter einsetzen oder haken Sie das Thema ab.

Twittern ist sicherlich gut, wenn man „Unterhaltung" per Smartphone betreiben, schnell viele Menschen „informieren" möchte oder sich selbst und seine Meinung für unwiderstehlich hält und meint, dass andere das genauso sehen. Oder wenn man, wie z. B. bei Wahlen oder Abstimmungen schnell ein Ergebnis herausposaunen will, bevor es offiziell ist. — Einsatzbereiche

Für den Einsatz im Unterricht suchen Sie nach sinnvollen Einsatzmöglichkeiten oder lassen es einfach.

41

Bloggen ist der neue Volkssport. Jeder kann zu jedem Thema seine Einträge in Form von Texten, Bildern oder Filmen online stellen und freut sich, wenn andere das zur Kenntnis nehmen und vielleicht sogar kommentieren.

Und diese Möglichkeit wird auch von Lehrern genutzt. Tippen Sie „Lehrerblogs" in Google ein, finden Sie eine unübersichtliche Menge von Blogs zu den unterschiedlichsten Themen, von den unterschiedlichsten Menschen, aus den unterschiedlichsten Perspektiven (Tipp 81).

> Tipp 81

Und das ist gerade das Schöne am Blog. Hier kommen ungefärbt und unzensiert Einzelmeinungen und Erkenntnisse ins Netz, die Sie in keiner Zeitschrift oder sonstigen Veröffentlichung finden würden.

Auch Verlage, Vereine oder Organisationen nutzen das Format des Blogs, um speziell Lehrer zu informieren und Neuigkeiten mitzuteilen.

Gleich mal ausprobieren

Wenn Sie an einem bestimmten Thema oder Problem arbeiten und den Austausch bzw. Input von Kollegen suchen, können Ihnen Blogs weiterhelfen.

- Sie brauchen Ideen zum Thema Rechtsextremismus? Google: Lehrerblog Rechtsextremismus – Sie werden fündig werden.
- Sie suchen neues Material oder Ideen für Lehrer? Google: Blog Lehrer Information Material – Auch hier gibt es viele neue Quellen zu finden.
- Auch hierauf lohnt sich ein Blick: www.wikis.zum.de/zum/Lehrerblogs

> Tipp 12

Wichtige Blogs können Sie sich als Lesezeichen in Ihrem Browser (Tipp 12) abspeichern. Manchmal findet man Blogs, die es wirklich wert sind, täglich gelesen zu werden. Gehen Sie auf Entdeckungsreise; Sie werden erstaunt sein, was Sie so alles finden.

Am Anfang sollten Sie prüfen, wer das bloggt bzw. dahinter steht. Das Internet ist frei, jeder hat Zugriff und jeder kann hier bloggen – auch Menschen, die Dinge publizieren wollen, die Sie vielleicht eher nicht lesen wollen. Also ein kleiner Backgroundcheck ist nie verkehrt.

Urheber prüfen

EINEN SCHULBLOG FÜHREN

42

Schulen stehen immer mehr im Wettbewerb und müssen sich präsentieren und selbst darstellen. Auch hier kann ein Blog das geeignete Medium sein. Anders als auf einer Website kann die Schule mit aktuellen Beiträgen ihre Aktivitäten schnell und unkompliziert veröffentlichen.

Alle möglichen Themen können in einen solchen Blog einfließen:

Themen

- Sportveranstaltungen und -ergebnisse
- neue Lehrkräfte
- interessante Neigungsgruppen und Workshops
- Termine für neue Eltern und Schüler
- Konzerte und Veranstaltungen
- Berichte über besondere Anschaffungen

Blogs können auch in die Schulwebsite integriert werden. Alle Lehrkräfte können in diesem speziellen Teil über ihre Themen berichten. Eine integrierte Blogsoftware erlaubt meistens ein einfaches Handling und erfordert oft nur die Kenntnisse für ein normales Textprogramm bzw. einen Texteditor, was jeder Lehrer heute hat.

Um die Ecke gedacht

Wenn ein Blog über die Schule existiert, ob in die Website integriert oder separat, wird die Schule auch besser im Internet gefunden. Die ständigen Einträge und Aktualisierungen werden von den Suchmaschinen (Tipp 15) positiv registriert und die Relevanz zu den entsprechenden Suchbegriffen erhöht sich.

> Tipp 15

Blogs anderer Schulen sind im Übrigen auch ein guter Input für die eigene Schule. Man bekommt so schnell einen Überblick:

- Was passiert zurzeit an anderen Schulen?
- Welche Themen sind dort aktuell?
- Welche Lehrkräfte sind dort tätig?
- Welche Angebote werden dort gemacht?

Nutzen Sie diesen schnellen Blick über den Zaun. Wenn Ihre Partnerschule oder -institution einen Blog hat, lesen Sie ihn regelmäßig. So bleiben Sie immer gut informiert, vorausgesetzt: Der Blog ist aktuell und gut geführt.

43 EINEN BLOG ERSTELLEN

Der Begriff „Blog" steht für „Tagebuch" – und weil ein Blog im Internet meist öffentlich zugänglich ist, entsteht hier ein öffentliches Tagebuch oder auch ein Journal. Blog ist die Kurzform von Weblog (Web = Internet; Log = Logbuch; kurz also Blog).

Voraussetzungen Um selber einen Blog zu erstellen, benötigen Sie eine geeignete Software, eine Internetadresse und einen Serverplatz. Adressen und Serverplatz gibt es bei verschiedenen Anbietern, oft schon für wenig Geld. Informationen dazu finden Sie im Internet.

Auf dem Server wird dann unter der gemieteten Internetadresse die Blog-Software installiert, ein wenig in Form gebracht und schon kann es losgehen.

Sie können auch anderen Nutzern einen Zugang für den Blog einrichten, sodass mehrere Menschen gemeinsam einen Blog schreiben können.

Den Blog an sich können Sie dann unter der gemieteten Internetadresse öffentlich ins Netz stellen oder Sie verteilen an eine definierte Gruppe (z. B. Klasse und Klasseneltern) eine Zugangsberechtigung, sodass nur diese Gruppe den Blog öffnen und lesen kann.

Je nachdem, welche Blog-Software Sie installieren (im Internet kostenlos erhältlich), können Leser dann auch Kommentare schreiben, die zu dem jeweiligen Artikel im Blog lesbar sind.

Gleich mal ausprobieren

Im Schulalltag gibt es jede Menge sinnvolle Ereignisse oder Themen, für die ein Blog gut genutzt werden kann (Tipp 42):   ❯ Tipp 42

1. Die Klassenfahrt

Jeden Tag können die Schüler auf dem Blog schreiben, was sie erlebt oder unternommen haben. Freunde, Eltern und Verwandte können so aktuell den Geschehnissen folgen.

2. Soziale Projekte

Wenn die Klasse gemeinsam ein soziales Engagement verfolgt, ist ein Blog eine tolle Möglichkeit, Erlebnisse, Probleme und auch den Erfolg zu beschreiben und öffentlich zu machen.

3. Besondere Veranstaltungen

Ist eine Theateraufführung, ein Konzert oder eine Ausstellungseröffnung in der Schule geplant, so kann werbewirksam bereits während der Vorbereitungsphase in einem Blog mitgeschrieben werden, was im Vorfeld schon alles passiert.

4. Themen aus allen Unterrichtsbereichen

Nahezu jedes Thema, das über einen längeren Zeitraum in der Klasse oder Schule behandelt wird, kann durch einen gut gemachten Blog konstruktiv begleitet werden.

Wenn Sie die Kommentarfunktionen eines Blogs aktivieren, müssen Sie damit rechnen, dass auch „schwierige" Meinungen geäußert werden. Hier ist dann eventuell redaktionelles Eingreifen nötig. Trotzdem sollten Sie diese Möglichkeit nicht von vorneherein ausschließen. Dinge zu kommentieren gehört zum Alltag der Schüler, und es will auch gelernt sein. Nutzen Sie also besser diesen Ansatz und bringen Sie den Schülern das konstruktive Kommentieren bei.

Kommentarfunktion

44

Chatten (meist mit Nickname) erfolgt meist mit längeren Texten, das ist mehr ein Plaudern, wie der Name schon sagt, dagegen ist eine SMS immer kurz und meist ein schneller Informationsaustausch und bei WhatsApp kann man auch Filme, Fotos usw. austauschen.

Nutzung im Unterricht

Dementsprechend unterschiedlich kann auch die Nutzung im Unterricht sein, z. B.

- Chatten in einer Fremdsprache
- Chatten als zwei literarische Figuren aus der aktuellen Deutschlektüre
- Immer zwei Partner chatten, um gemeinsam eine mathematische Aufgabe zu lösen
- In einer SMS einen Sachverhalt auf kürzeste Weise zusammenfassen
- Übersetzen: Brief in SMS und umgekehrt
- In SMS Ratehinweise geben lassen für die Lösung eines Rätsels, z. B.: Welches chemische Element ist gemeint?
- Mit WhatsApp Fotos austauschen, z. B. suchen die Schüler an Gebäuden verschiedene Winkel oder fotografieren bestimmte Pflanzen oder dokumentieren den Zustand der Bushaltestelle usw.
- …

Chat-Programme wie z. B. WhatsApp sind kleine Programme, in die man schnell Nachrichten eintippen oder diktieren, Bilder oder Töne eingeben und an Empfänger, die das gleiche Programm haben, schicken kann.

Abkürzungen

Für diese Kommunikation gibt es mittlerweile jede Menge Abkürzungen (z. B. lol = laughing out loud = superlustig), sodass man sehr schnell und kurz Dinge kundtun kann.

Emotikons

Mit sogenannten Emotikons (kleine Bildchen und Grafiken wie Smileys usw.) werden Gefühlslagen verdeutlicht, was oft schematisch und wenig aussagekräftig ist.
Trotzdem kann man diese Art der Kommunikation für viele Dinge auch sinnvoll einsetzen.

Gleich mal ausprobieren

Wenn Sie auf Wandertag oder Klassenfahrt sind, können Sie mit allen Schülern z. B. eine WhatsApp-Gruppe einrichten. So können schnell Verschiebungen im Programm oder geänderte Abfahrtszeiten kommuniziert werden. Hierzu tippen Sie diese Nachricht einmal in der entsprechenden Gruppe auf Ihrem Smartphone ein und alle Gruppenteilnehmer bekommen die Nachricht auf ihr Smartphone.

WhatsApp-Gruppe

FERTIGE VORLAGEN KRITISCH PRÜFEN

45

Computerprogramme für Präsentationen bieten Vorlagen an, die für möglichst viele Nutzer und ihre Verwendungen passen und die Käufer beeindrucken sollen. Und genau da lauert die Gefahr: Wenn Sie diese Vorlagen benutzen, werden Sie eine Präsentation wie viele erstellen und in der Masse von gleich aussehenden Präsentationen untergehen.

Ebenso sind in diese Programme viele animierte Effekthaschereien eingebaut, die für eine Geburtstagsfeier oder Hochzeit vielleicht ganz spaßig sind – aber nicht für eine ernsthafte Präsentation (Tipp 65).

❭ Tipp 65

Achtung

Die meisten Programme sind vollgestopft mit Anwendungsmöglichkeiten, die auf den ersten Blick vielleicht lustig sind, in den meisten Fällen aber nicht zielführend und darum unbrauchbar. Insofern gilt: Wer eine gute Präsentation entwickeln will, sollte auf fertige Vorlagen verzichten und selbst eine für sein Thema passende Form wählen.

Betrachten Sie also Präsentationssoftware als Hilfsmittel, um Ihre Gedanken, Thesen und Inhalte gut darzustellen, und nicht als fertige Präsentationshüllen, in die Sie nur noch Ihre Buchstaben einsetzen müssen.

46

Bevor Sie anfangen, Ihre digitale Präsentation zu erstellen, sollten Sie ein Thema verinnerlichen: das Speichern. Sie werden beim Arbeiten aufwändige Dinge programmieren, schwierige Grafiken erstellen und umfangreiche Bilder zusammenstellen.

Sie werden sich viel Arbeit machen, manchmal ohne dass Sie merken, wie die Zeit vergeht und wie lange Sie schon am Computer sitzen. Stürzt Ihnen dann der Computer ab – und das macht er leider, wenn man es gerade gar nicht gebrauchen kann – ist die ganze Arbeit umsonst und Sie fangen wieder von vorn an (Tipp 10).

❯Tipp 10

Passiert Ihnen nicht? Ihr Computer ist sehr zuverlässig? Das mag sein. Aber vielleicht gibt es gerade einen Stromausfall oder der kleine Sohn zieht den Stecker?

Wenn Sie sich selbst etwas Gutes tun wollen, dann versuchen Sie erst gar nicht zu denken, dass das Sichern von Computerdateien immer erst am Ende der Arbeit nötig ist. Sie werden früher oder später scheitern.

Überlegen Sie vielmehr, wie viel Ihrer Arbeitszeit Sie bereit sind zu wiederholen? 10 Minuten? 30 Minuten? 60 Minuten? Daraus ergibt sich dann automatisch das Intervall, in dem Sie spätestens Ihre erstellten Daten sichern sollten.

Sicherungsreflex trainieren

Trainieren Sie Ihren linken Daumen und Zeigefinger zu einem unbewussten Reflex, automatisieren Sie das Drücken der Tasten STRG/S oder APFEL/S oder wie immer die Tastenkombination auf Ihrem Computer heißt. Alle 30 Minuten spätestens. Es sollte Ihnen in Fleisch und Blut übergehen (Tipp 7).

❯Tipp 7

Denken Sie jedes Mal daran, bevor Sie den Arbeitsplatz verlassen, auch wenn Ihre Abwesenheit nur eine kurze Zeit dauert. Spätestens wenn Ihnen das Programm zum ersten Mal abgestürzt ist, werden Sie froh sein, dass – fast – nichts verloren gegangen ist.

Das Wenige, das fehlt, wird sich halbwegs inhaltsgleich aus dem Gedächtnis abrufen lassen.

Achtung

Solange Sie diesen „Sicherungsreflex" noch nicht automatisch anwenden, stellen Sie sich einen Wecker, der Sie spätestens alle 30 Minuten ans Sichern erinnert!
Und auch alle fünf Minuten zu sichern ist keine Zwangsneurose, sondern einfach nur eine sinnvolle Maßnahme zur Datensicherung!

EINE GESTALTUNGSVORLAGE ENTWICKELN

47

Viele digitale Präsentationen werden spontan angefangen, meist mit irgendeiner Standardvorlage, und dann nach und nach immer wieder umgebaut, weil irgendetwas nicht ganz gepasst hat.

Besser ist es, sich vorher genau zu überlegen, was man präsentieren will und wie es aussehen soll (Tipp 50). Das ist zwar am Anfang etwas mehr Arbeit, auf lange Sicht aber wesentlich effektiver und zeitsparender.

❯Tipp 50

Stellen Sie dazu zunächst folgende Grundüberlegungen an:

Erste Überlegungen

- Welche Farbe, welche Struktur oder welches Aussehen soll der Hintergrund meiner Folie haben?
- Wo sollen meine Überschriften stehen?
- Wo sollen meine Texte stehen?
- Wo sollen Fotos, Grafiken oder Schaubilder stehen?
- Welche weiteren Elemente möchte ich einbinden?
- Gibt es wiederkehrende Elemente und wo sollen sie stehen?
- Reicht eine Vorlage, oder gibt es besondere Teile in der Präsentation, die eine andere Vorlage erforderlich machen?

Spielen Sie dann – z. B. mit sogenannten Blindtexten und auch Blindfotos – diese Möglichkeiten durch. Hier kann nun experimentiert, hin- und hergeschoben, vergrößert und verkleinert werden.

Probieren Sie dabei verschiedene Extreme aus:
- Wie wirkt meine Vorlage mit einer sehr kurzen Überschrift? Wie mit einer sehr langen?
- Wie wirkt die Vorlage mit wenig Text, mit sehr viel Text?
- Wie groß oder klein können die Bilder und Grafiken werden?
- Wie hell oder dunkel kann der Hintergrund werden?

Gestaltungsvorlage Eine gute Gestaltungsvorlage muss zum Inhalt passen, gut aussehen und die Verständlichkeit der Aussagen für die Adressaten unterstützen.

Gleich mal ausprobieren

Schalten Sie alle Automatiken und Automatismen der Software ab. Sie entscheiden, welche Schriftgröße oder Rahmengröße Sie verwenden wollen. Vielleicht kommen Sie auf überraschende Lösungen. Andernfalls sind die Standardeinstellungen schnell wieder eingeschaltet.

FORMATE UND AUFLÖSUNGEN BEACHTEN

48

Wenn Sie Ihre eigene Gestaltungsvorlage erstellen, müssen Sie die Formate und Auflösungen am Anfang genau kontrollieren:

1. In welcher Auflösung wollen Sie Ihre Präsentation anlegen?
2. Wollen Sie das gesamte mögliche Beamerbild nutzen oder ein eigenes Format definieren?
3. Soll die Präsentation am Ende auch ausgedruckt werden?

Informieren Sie sich vor Beginn der Arbeiten, welche Auflösung der für die Präsentation zur Verfügung stehende Beamer hat (Tipp 76). Passen Sie die Auflösung Ihrer Präsentation an diese Vorgaben an – oder besorgen Sie sich einen anderen Beamer, der über die gewünschte Auflösung verfügt.

❯Tipp 76

Einige ältere Modelle kommen immer noch mit 800 x 600 Pixel daher. Das ist ausreichend für eine einfache Textpräsentation, wird aber bei Bildern oder aufwendigen Grafiken schon etwas unscharf.

Standardauflösung sind heute 1024 x 768 Pixel, was normalen Anforderungen genügt.

Standardauflösung

Gleich mal ausprobieren

Ihr Beamer hat eine Auflösung von 1024 x 768 Pixel. Das entspricht einem Seitenverhältnis von 4:3 (Faktor 1.33) – dem klassischen, alten Fernsehformat. Sie wollen lieber ein Präsentationsbild, das dem neuen 16:9 Format (Faktor 1,77) entspricht, weil es Ihnen besser gefällt oder Ihr Thema besser transportiert.

In diesem Fall nehmen Sie die maximale Auflösungsbreite des Beamers (1024 Pixel) und teilen es durch 1,77 (= 578 Pixel). Ihr Präsentationsformat wäre also 1024 x 578. Stellen Sie also dieses Format in Ihrer Gestaltungsvorlage von vornherein ein.

Bei weniger professionellen Programmen kann man eventuell die Foliengröße nur in cm einstellen. In diesem Fall wären das bei 1024 Pixel ca. 26 cm in der Breite und entsprechend 14,6 cm in der Höhe.

Bei der Foliengröße von 1024 x 768 Pixel (Standardgröße) ist auch ein halbwegs ordentlicher Ausdruck auf einem Drucker gewährleistet. Bei kleineren Formaten verringert sich die Ausdruckqualität. Wenn Sie also auch einen Ausdruck Ihrer Präsentation planen, sollten Sie diesen ebenfalls vor Beginn der Arbeit testen, damit hier ein zufriedenstellendes Ergebnis erzielt wird.

Foliengröße

Auch das zu verwendende Bildmaterial sollten Sie auf ausreichende Auflösung hin überprüfen. Manche Programme akzeptieren jegliches Bildmaterial und rechnen dieses intern auf das notwendige Format hoch. Das ist zwar praktisch, sieht aber manchmal nicht gut aus, da die Auflösung des Bildes eigentlich nicht ausgereicht hätte.

Bildmaterial

Achtung

Für die Bildschirm- bzw. Beamerpräsentation ist eine Grundauflösung von mindestens 72 dpi (dots per inch = Punkte pro Zoll) nötig. Also sollte jedes Bild, das Sie ganzseitig in Ihre Präsentation einarbeiten wollen, mindestens eine Größe von 1024 x 768 Pixel bei 72 dpi haben. Für einen späteren Ausdruck wären sogar 100 dpi wünschenswert. Wenn das Bild die Hälfte der Folie einnehmen soll, wären also mindestens 768 x 512 Pixel bei 72 dpi (100 dpi) nötig.

Größere Bilderauflösungen sind kein Problem und werden meistens von den Programmen automatisch kleingerechnet. Nur im umgekehrten Fall tauchen die Probleme auf, die sich durch Unschärfe bzw. deutliche Sichtbarkeit der Bildpunkte (Pixel) zeigen.

Für eine gute Präsentation ist also auch gutes Bildmaterial in ausreichender Qualität und Auflösung (Tipp 97) unbedingt erforderlich. Das Gleiche gilt für Tabellen und Grafiken. Für eine saubere Darstellung benötigen sie mindestens die gleiche Auflösung wie Bilder (s. o.). Rein datenformattechnisch sind sie genau das Gleiche wie Bilder, es sei denn, die Grafiken oder Tabellen wurden im sogenannten Vektorformat erstellt. Dann sind sie auflösungsunabhängig und können problemlos in jeder Größe eingebaut werden.

❭ Tipp 97

Ebenfalls am Anfang der Layoutarbeiten stehen die sinnvolle Definition und Nutzung der Kopf- und Fußzeilen.

Gleich mal ausprobieren

Überlegen Sie, welche wiederkehrenden Informationen Sie gern auf jeder einzelnen Folie platzieren wollen. Dabei gibt es vielfältige Möglichkeiten (ergänzen Sie):

- Thema der Präsentation
- Verfasser
- Thema des Kapitels
- Seitenzahl (x von y)
- _____
- _____
- _____

Überlegen Sie genau, welche Informationen so wichtig sind, dass sie immer wieder auftauchen. Weniger ist hier auf jeden Fall mehr. Andererseits sind Kopf- und Fußzeile eine gute Möglichkeit, dem Zuhörer gleichbleibend Informationen zu präsentieren.

Weniger ist mehr!

Probieren Sie auch hier genau, wie Kopf- und Fußzeile mit dem ausgewählten Inhalt an der gewählten Position wirken. Natürlich lassen sich die Inhalte später noch verändern. Die Position ist allerdings meist nur mit Aufwand veränderbar, weil das gesamte Layout ja schon steht.

Achtung

Verwenden Sie auf das Kopf- und Fußzeilenlayout lieber etwas mehr Zeit und prüfen Sie auch hier die Extreme. Die Zeit, die Sie hierzu benötigen, holen Sie später allemal wieder auf!

50

Bevor Sie Ihre Präsentation am Computer erstellen, verschaffen Sie sich in einer Tabelle auf einem Blatt Papier einen Überblick über die Inhalte der Folien.

Planen Sie, was auf welcher Folie stehen soll und wo Bilder, Filme oder Grafiken eingesetzt werden könnten.

Überblick über die gesamte Präsentation

Beispiel

Folie 1: Titelfolie Thema, Referent	Folie 2: Gliederung Punkt 1 Punkt 2 Punkt 3 Punkt 4
Folie 3: 1. Gliederungspunkt	Folie 4: 2. Gliederungspunkt
Folie 5: 3. Gliederungspunkt	Folie 6: Schaubild
Folie 7: 4. Gliederungspunkt	Folie 8: Film
Folie 9: Zusammenfassung	Folie 10: Ausblick „Vielen Dank für Ihre Aufmerksamkeit!" oder „Ihre Fragen" oder…

Wenn es didaktisch angebracht ist, spielen Sie mit den Möglichkeiten, Schaubilder zu gestalten. Überlegen Sie z. B., wie Sie Prozentwerte statt in bloßen Zahlen ansprechender ausdrücken können. Hiermit regen Sie auch Ihre Schüler an, ungewöhnlichere Darstellungen zu wählen.

Achten Sie aber darauf, dass Aufwand und Ertrag in einem guten Verhältnis bleiben.

Gleich mal ausprobieren

Es geht um diese Aussage: 85 Prozent Ihrer Schüler haben einer Umfrage zufolge ein Buch gern gelesen. 15 Prozent hingegen nicht.

Sie könnten diese Zahlen auf folgende Weise darstellen:

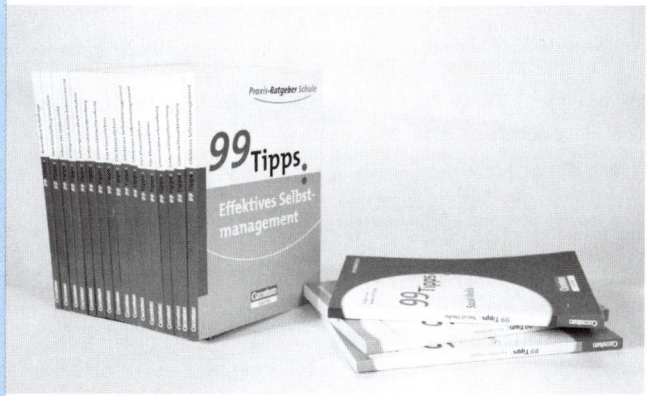

Prozentzahlen werden durch ein Bild visualisiert. Was ist ansprechender?

52

>Tipp 53

Schriften gibt es mittlerweile wie Sand am Meer – der Computer macht's möglich. Während früher hauptsächlich zwei verschiedene Schriftfamilien (Tipp 53) zur Verfügung standen, die **TIMES** als sogenannte Serifenschrift (oder auch Antiqua) und die **HELVETICA** als sogenannte serifenlose Schrift (oder auch Grotesk), stehen heute tausende verschiedene Schriften für den Computer zur Verfügung.

Schriftfamilien

Viele werden bereits mit den Betriebssystemen der Computer geliefert, weitere lassen sich im Internet kostenlos downloaden. Viele Designer haben angefangen, eigene Schriften und Schriftfamilien zu entwickeln, und stellen diese im Internet kostenlos zur Verfügung. Achten Sie darauf, dass sie tatsächlich zur freien Verfügung angeboten werden.

Interessanterweise werden in den meisten Fällen trotzdem weiterhin nur zwei Schriften angewandt: die TIMES und die ARIAL (welche sich *Microsoft* im Grunde von der HELVETICA abgeschaut hat).

Warum ist das so? Arial und Times waren die ersten Schriftfamilien, die auf PCs zur Verfügung standen. Anscheinend haben sich die Nutzer so an sie gewöhnt, dass selbst heute, wo standardmäßig wesentlich mehr Schriften auf den PCs implementiert sind, trotzdem immer wieder auf diese beiden Schriften zurückgegriffen wird.

Wenn Sie sich von dem Erscheinungsbild anderer Texte absetzen wollen, verzichten Sie einfach auf Times und Arial.

In einer Schriftfamilie bleiben

53

Grundsätzlich unterscheidet man zwischen sogenannten Headline-(Überschrift)-Schriften und den sogenannten Fließtext-(Mengentext-)Schriften.

Eine typische Fließtext-Schrift ist im Zweifelsfall auch für eine Überschrift gut zu benutzen, in den meisten Fällen aber eignet sich eine typische Headline-Schrift nicht für den Fließtext. Hier muss deutlich unterschieden werden, sonst leidet die Lesbarkeit gewaltig.

Gleich mal ausprobieren

Legen Sie ein leeres Dokument an und schreiben Sie zunächst den Titel Ihrer Arbeit als Überschrift. Danach schreiben Sie etwas kleiner einige Kapitelüberschriften – erfinden Sie notfalls schnell einige – und darunter einige Zeilen Fließtext. Das kann sogenannter Blindtext – also irgendetwas – sein. Es geht hier nur um die Schriftbeurteilung.

Dann kopieren Sie sich diesen Text drei-, viermal auf diese Seite und probieren nun verschiedene Schriften aus.

Beginnen Sie mit den Überschriften: Welche Schrift würde zu Ihrem Thema passen? Je nach Thema können Sie hier vielleicht auch einmal etwas extremere Schriften ausprobieren. Achten Sie aber trotzdem auf eine gute Lesbarkeit. Alles andere wäre kontraproduktive Effekthascherei.

Dann suchen Sie eine gut lesbare und passende Schrift für Ihren Fließtext. Für die Kapitelüberschriften nutzen Sie zunächst einen fetten Schriftschnitt (Tipp 54). Aber hier können Sie probieren, ob die von Ihnen gewählte Schrift für die Headlines eventuell auch gut passen würde. ❯ Tipp 54

Spielen Sie nun einfach mal mit verschiedenen Schriften für Ihre drei Kategorien Headline, Kapitelüberschrift (auch subheadline) und Fließtext.

Wenn Ihr Blatt nicht ausreicht, nehmen Sie noch ein zweites dazu. Wichtig ist nur, dass immer der gleiche Text verwendet wird.

Nun sehen Sie sich die verschiedenen Ergebnisse an und entscheiden Sie, welche Schriften bzw. Schriftfamilien Sie für Ihre Präsentation verwenden möchten.

54

Sie haben nun eine Schrift für die Headlines festgelegt. Ab jetzt gilt: Immer wenn eine Headline kommt, muss diese Schrift verwendet werden. Sehen Sie das als Gesetz – Abweichungen nicht erlaubt. So bekommt nicht nur Ihre Präsentation ein einheitliches Bild, es ist auch für den Betrachter einfacher, zu erkennen, welche Bedeutung und Wichtigkeit die in dieser Schrift geschriebenen Zeilen für Ihre Präsentation haben.

Keine Abweichungen Ebenso haben Sie eine Schrift für Ihre Zwischenüberschriften und den Fließtext festgelegt. Auch davon sollten Sie nun nicht mehr abweichen.

Die meisten Schriften haben verschiedene Schnitte wie z. B. leicht, halbfett, fett, extra fett, kursiv, schmal usw.

Legen Sie den Einsatz dieser verschiedenen Schriftschnitte von vornherein fest. Nutzen Sie aber in Ihrer Präsentation nie mehr als vier bis fünf verschiedene Schriftschnitte. Sonst wird es unübersichtlich und damit weniger klar und einprägsam.

Liste erstellen

Gleich mal ausprobieren

Erstellen Sie eine Liste mit den verschiedenen Überschriften und Texten, die Sie in Ihrer Präsentation benutzen werden:

1. Headlines: _____
2. Subheadlines: _____
3. Zwischenüberschriften: _____
4. Fließtext: _____
5. Zitate: _____
6. Fußnoten: _____

Ordnen Sie nun jeweils die ausgewählten Schriften zu. Denken Sie daran, auf keinen Fall mehr als vier bis fünf verschiedene Schnitte zu verwenden, selbst wenn Sie vielleicht zehn oder mehr verschiedene Überschriften und Texte benötigen. Es wird hier also zunächst zu Wiederholungen kommen. Das ist kein Problem, denn neben den verschiedenen Schriftschnitten steht uns ja noch ein weiteres Unterscheidungsmerkmal zur Verfügung: die Schriftgröße.

Ähnlich wie mit verschiedenen Schriftschnitten (Tipp 54) können wir auch mit verschiedenen Größen einer Schrift Unterscheidungen visualisieren. Oberstes Gebot hierbei ist, speziell bei Präsentationen, die gute Lesbarkeit. Denken Sie hier schon an die spätere Präsentationsform und probieren Sie bereits jetzt, ob die gewählten Schriftgrößen auch alle lesbar sind.

❯Tipp 54

Gleich mal ausprobieren

Nehmen Sie das vorhin erstellte Dokument mit den nun von Ihnen ausgewählten verschiedenen Schriften für Ihre Arbeit. Probieren Sie verschiedene Größen im Headline-Bereich und in den anderen Bereichen bis hin zu den kleinsten definierten Texten wie z.B. den Fußnoten.

Drucken Sie sich dieses Dokument aus, um die Lesbarkeit zu überprüfen. Korrigieren Sie entsprechend, wenn nötig.

Achten Sie bei den Headlines darauf, dass die Schrift nicht zu groß ist. Es sollten schon drei bis fünf Wörter in einer Zeile stehen können.

Schalten Sie nun in den Präsentationsmodus an Ihrem Computer und prüfen Sie hier die gewählten Schriften und Größen auf ihre Tauglichkeit.

Gute Lesbarkeit

Gleich mal ausprobieren

Es ist mit etwas Aufwand verbunden, aber es lohnt sich: Prüfen Sie die Präsentation auf dem Medium, auf dem Sie später präsentieren müssen. Probieren Sie also den Beamer oder den Bildschirm in dem Raum, in dem Sie Ihren Vortrag halten werden, mit diesem Testdokument aus (Tipp 77). Das bewahrt Sie vor bösen Überraschungen.

Erstellen Sie nun eine Liste der von Ihnen gewählten Schriften und Schriftschnitte in Bezug auf die verschiedenen Texte und Überschriften mitsamt den festgesetzten Größen. Dies sind nun Ihre Gestaltungsrichtlinien, die Sie während der Ausarbeitung nur im Notfall ändern sollten.

Gerät prüfen

❯Tipp 77

Gestaltungsrichtlinie ist fertig!

Beispiel

Text	Schrift	Schriftschnitt	Punktgröße

FARBWIRKUNGEN NUTZEN

Je nach Thema können Sie Ihre Präsentation mit Farben aufwerten. Dabei sollten Sie sich bewusst und gezielt für die verwendeten Farben entscheiden, denn unterbewusst wirken diese Farben genauso auf den Zuhörer oder Leser wie Worte und Bilder.

Es gibt nur acht (Grund-)Farben und alle haben verschiedene Wirkungen:

Wirkungen der Grundfarben

Farbe	Assoziierte Themen	Emotionale Bedeutung
Schwarz	Tod, Bedrohung, Macht	traurig, bedrückend
Weiß	Freude, Unschuld, Reinheit	großzügig, positiv, klar
Rot	Liebe, Energie, Leidenschaft	anregend, warm, feurig, warnend
Gelb	Fröhlichkeit, Neid, Gold	edel, behaglich, ausgleichend
Grün	Natur, Neubeginn, Wachstum	beruhigend, erneuernd, lebendig

Blau	Harmonie, Kühle, Frieden	unendlich, beständig, weit
Orange	Optimismus, Lebensfreude, Frische	aufbauend, fröhlich, jung
Violett	Kreativität, Meditation, Geheimnis	entspannend, befreiend, würdevoll

Natürlich sind das nur Richtungen – jeder Mensch hat subjektiv eigene Assoziationen. Dennoch sollten Sie sich fragen, welche Farbe(n) Ihr Thema eher unterstützen können, welche passend und welche eher fehl am Platz wären.

Gleich mal ausprobieren

Ordnen Sie den verschiedenen Themen Farben zu, die unterstützend, passend oder störend sind:

Thema	unter-stützend	passend	störend
Das Dritte Reich			
Neue Medien im Vergleich			
Wirtschafts-wachstum im 20. Jahrhundert			
Die Rolle der Kirche beim Umweltschutz			
Berufswahl und Kariere			
Die englische Literatur vor 1800			

Es gibt sicherlich für diese Übung keine objektiv richtige Lösung. Ebenso sind verschiedene Varianten und Zusammenstellungen möglich. Es liegt aber auf der Hand, dass die Farbe Grün eher nicht zum Thema „Das Dritte Reich", dass aber Orange zum Thema „Berufswahl und Kariere" gut passt.

Durch Ausprobieren ein Gefühl dafür entwickeln Je mehr Sie hier ausprobieren, desto mehr können die von Ihnen gewählten Farben Ihr Thema und Ihren Vortrag positiv unterstützen.

HINTERGRÜNDE FESTLEGEN

57

Ein weißes Blatt Papier bzw. eine weiße Hintergrundfläche ist sicher das Optimum für Kontrast und Klarheit.

Sie können aber auch eine farbige Fläche als Hintergrund wählen. Legen Sie dabei wieder Ihre grundsätzlichen Überlegungen zum Thema Farbe zugrunde.

Ebenso können sich dezente Bilder oder Strukturen als Hintergrund eignen.

Wichtig ist, dass der Hintergrund auch wirklich im Hintergrund bleibt und die darauf befindlichen Texte, Schriften und Bilder noch eindeutig im Vordergrund stehen.

Wenn der Hintergrund zu dominant wird, entsteht eine Konkurrenz zum Inhalt, die nicht gewünscht ist.

Auch hier helfen nur Ausprobieren und Variieren. Ganz wichtig ist jedoch, dass Sie den Hintergrund am Anfang festlegen. Nur so können Sie Ihren Inhalt bereits während der Erstellung der Präsentation immer auch zum Hintergrund passend arrangieren und definieren.

Achtung

❯Tipp 45 Viele Programme bieten bereits fertige Hintergründe an (Tipp 45).

Sie können sich diese fertigen Hintergründe genau anschauen und eigene Ideen und Möglichkeiten davon ableiten. Oft ist schon eine kleine Änderung oder Variante ausreichend, um einen eigenen Hintergrund zu kreieren. Wenn Sie einen Hintergrund gefunden haben, empfiehlt sich ebenfalls ein Test, ob der Hintergrund beim Präsentieren mit dem Beamer bzw. auf dem Bildschirm oder Ausdruck auch noch sichtbar ist (Tipp 77).

❯ Tipp 77

SCHRIFTFARBEN DEFINIEREN

58

Schriftfarbe Nummer eins ist sicherlich das Schwarz. Das hat etwas mit Kontrast und guter Lesbarkeit zu tun. Auf der anderen Seite gilt auch hier wieder. Wer sich etwas absetzen und etwas Besonderes zeigen will, sollte auch bei der Schriftfarbe nicht den gewöhnlichen Weg gehen.

Kontrast beachten

Gleich mal ausprobieren

Surfen Sie kreuz und quer durch das Internet. Hier finden Sie alle möglichen und unmöglichen Varianten von Texten auf Hintergründen. Schauen Sie sich an, was gut funktioniert und was schwer lesbar und irritierend ist. Schauen Sie bei den guten Seiten ab – die negativen nehmen Sie als warnendes Beispiel.

Sehr gut kann man mit dunkelgrauen Schriften arbeiten. Sie sind farblich genauso neutral wie Schwarz, kommen aber wesentlich eleganter und angenehmer daher. Eventuell kann man auch mit einem sehr dunklen Blau arbeiten, welches ebenfalls neutral und seriös wirkt.

Alternativen: dunkelgrau und blau

Farben wie Grün, Gelb oder Rot eignen sich weniger für den Fließtext. Hier sollten Sie neutral bleiben und auf gute Lesbarkeit achten. Hauptaufgabe der Schriften in den Fließtexten ist immer noch der Transport des Inhalts.

Bei den Headlines (Überschriften) dagegen kann die Farbe wieder gemäß Ihren generellen Farbüberlegungen eingesetzt werden. Achten Sie darauf, dass die Farbe Ihre Inhalte unterstützt und nicht dominiert. Treiben Sie es also im wahrsten Sinne des Wortes nicht zu bunt.

Gleich mal ausprobieren

Feedback einholen

Wenn Sie eine Musterseite mit den Schriftfarben Ihrer Wahl oder sogar einige Varianten fertig gestellt haben, zeigen Sie diese Seiten anderen Menschen und lassen Sie sie die Lesbarkeit beurteilen. Was für Sie noch gut lesbar sein mag, kann für andere schon eher schwierig zu lesen sein. Korrigieren Sie, wo nötig.

So ein Test gibt Ihnen frühzeitig ein Feedback und stellt eine gute Farbwahl und Lesbarkeit sicher.

SCHAUBILDER FARBLICH GESTALTEN

59

Beim Gestalten von Grafiken und Schaubildern übernimmt die Farbe eine neue und andere Aufgabe. Hier soll sie Unterschiede schnell deutlich machen und Felder und Bereiche optisch voneinander trennen.

Aber auch hier kann man mehr oder weniger dezent arbeiten. Es ist sicherlich schwierig, nur mit der Farbe Blau und entsprechenden Abstufungen von Dunkel nach Hell eine Kuchengrafik plastisch und klar zu gestalten. Trotzdem muss man es auch hier nicht zu bunt treiben.

Überlegen Sie, wie viele verschiedene Farben Sie in Ihren Grafiken brauchen, und suchen Sie dann aus dem gesamten Farbspektrum die nötige Anzahl in halbwegs zusammenpassenden Farben aus.

Manchmal sind aber auch deutliche Kontraste gewünscht. Dann versuchen Sie wieder, mit den gewählten Farben Ihren Inhalt zu unterstreichen.

Prüffragen

Prüfen Sie jeweils nach der Erstellung Ihrer Schaubilder:
- Sind die Kontraste und Unterschiede der Farben klar und gut zu erkennen?
- Wirkt das Schaubild zu bunt oder zu monochrom?
- Sind die eingearbeiteten Texte gut zu lesen?

- Passen die gewählten Farben zum Inhalt?
- Werden einzelne Inhalte durch die Farbwahl ungewollt überbewertet?
- Wird auf einen Blick deutlich, was das Schaubild transportieren soll?

BILDER UND FILME VERWENDEN

60

Wir leben in einer Welt der Bilder. Internet, Fernsehen, Zeitung, Magazine, Plakatwände – Bilder überall. Und das hat seinen guten Grund: Bilder werden schneller wahrgenommen als Texte. Bilder sprechen eine direktere Sprache und sie können in einem kurzen Moment viel mehr zum Ausdruck bringen als Worte. Voraussetzung ist allerdings, dass sie richtig ausgewählt wurden (Tipp 62).

❯ Tipp 62
Bildauswahl

Deshalb stellen Sie sich bei der Bildauswahl für Ihre Präsentation immer die Frage: Wozu will ich dieses Bild einsetzen? Wenn es schwierig ist, etwas in Worten auszudrücken, kann ein Bild (gemeint sind hier immer auch Grafik, Schautafel, Karikatur, Film usw.) oft helfen, zu verdeutlichen, was Sie meinen. Bilder, die zur Veranschaulichung dienen, müssen auch entsprechend ausgewählt und präsentiert werden.

Achtung

Es gibt im Internet viele Bild-Datenbanken mit guten Suchfunktionen, die Ihnen helfen können, das richtige Bild zu finden (Tipp 90). Manchmal kann es aber auch ratsam sein, die Bilder selbst zu machen, dann können Sie den Bildinhalt direkt beeinflussen.

❯ Tipp 90

Wenn Sie zu viel Text in Ihrer Präsentation verarbeiten (Tipp 66), besteht die Gefahr, dass sich Ihre Schüler innerlich abmelden und die Konzentration stark nachlässt. In solchen Fällen helfen Bilder, die Bleiwüste etwas aufzulockern und etwas Farbe in die Präsentation zu bringen.

❯ Tipp 66

Solche Bilder sollten eine Nähe zum Thema haben und nicht ablenken oder verunsichern. Sie können auflockernd eingesetzt werden, um durchaus ein Schmunzeln auszulösen. Aber Vorsicht, diese Bilder dürfen nicht das Thema verflachen oder lächerlich machen.

❯ Tipp 15 Auch hier finden Sie Bildmaterial im Internet über entsprechende Suchfunktionen (Tipp 15).

Gleich mal ausprobieren

Prüfen Sie aber unbedingt, ob sich der Witz, den Sie vielleicht erkennen, auch anderen Menschen, die nicht so sehr im Thema stecken, erschließt. Sonst geht die gewünschte Auflockerung nach hinten los. Setzen Sie solche Bildelemente sparsam ein. Im Vordergrund sollten immer der Inhalt und das Thema stehen.

61 TECHNISCHE VERWENDBARKEIT PRÜFEN

Nicht jedes Bild, das Sie finden, ist auch für eine Präsentation geeignet. Was sich als Thumbnail (Miniaturbild) im Internet noch ganz gut ansehen lässt, wirkt in einer Präsentation oft dürftig und unscharf. Solche Thumbnails sind generell ungeeignet.

Achten Sie bei der Bildauswahl von vornherein auf die technische Verwendbarkeit. In Originalgröße innerhalb Ihrer Präsentation muss das Bild immer mindestens noch 72 dpi Auflösung haben. Wenn Sie die Bilddaten ansehen, finden Sie dort immer eine Information zur Auflösung des Bildes. In Bildbearbeitungsprogrammen können Sie das entsprechend ebenso ausprobieren und nachvollziehen. Als Faustregel gelten folgenden Umrechnungsgrößen:

Achtung

Eine übliche Größe von Präsentationsfolien ist:
1024 x 768 Pixel – das entspricht einem Format von ca. 36 cm x 27 cm bei 72 dpi Auflösung.

> Ein Foto mit z. B. 300 x 400 Pixel wäre dann entsprechend ca. 10,5 cm x 14 cm groß. Größer können Sie es innerhalb Ihrer Folie also auch nicht verwenden, ohne dass die Qualität leidet (Tipp 48).
>
> Verkleinern können Sie das Bild aber jederzeit, ohne dass die Qualität leidet. Hierbei müssen Sie nur darauf achten, dass man den Bildinhalt noch gut genug erkennen kann.

❯Tipp 48

Sie können die technische Verwendbarkeit aber auch durch genaues Betrachten begutachten. Wenn das Bild unscharf wird oder man bereits klar einzelne Pixel erkennen kann, ist das Bild zu groß. Verkleinern Sie es, bis Sie keine Pixel mehr sehen können. Nun kann das Bild immer noch unscharf wirken. Dann liegt aber die Unschärfe im Bild selbst. In diesem Fall suchen Sie besser ein anderes Bild.

BILDER RICHTIG AUSWÄHLEN

62

Wenn Sie Schüler überraschen wollen, müssen Sie versuchen, aktuelle und unbekannte Bilder zu finden. Es sei denn, Sie wollen aus inhaltlichen Gründen bewusst ein Bild einsetzen, das sehr bekannt ist. Je neuer die Bilder sind und je spannender der Inhalt ist, desto mehr Aufmerksamkeit werden Sie in Ihrer Präsentation bekommen.

Überraschen oder Grundlegendes zeigen

Gleich mal ausprobieren

Je nach Thema könnte es angebracht sein, selbst Bilder für die Arbeit zu schießen. Die hat garantiert noch keiner gesehen und Sie können Qualität und Auflösung selbst beeinflussen.

Auf der anderen Seite kann Grundlegendes natürlich oft nur mit allgemein bekannten Bildern vermittelt werden. Wenn Sie über den Schiefen Turm von Pisa sprechen, dann brauchen Sie eben ein Bild von selbigem. Aber auch hier können

Sie überraschen, indem Sie z. B. ein Bild aus einer ungewöhnlichen Perspektive wählen.

Manchmal findet man Bilder, die unglaublich gut passen würden, nur am Rand sieht man noch eine angeschnittene Person oder sonst eine Bildinformation, die stört. Solche Bilder können Sie einfach beschneiden und den für Sie wichtigen Bildinhalt so herausholen (Bildbearbeitungsprogramm).

Ausschnitte verwenden Auch wenn keine direkt störenden Bildinhalte vorhanden sind, kann es ratsam sein, nur einen Ausschnitt eines Bildes zu verwenden. So können Sie Aussagen verstärken oder sogar in einem gewissen Rahmen verändern – wie es eben für Ihre Präsentation hilfreich ist.

Gleich mal ausprobieren

Probieren Sie, mit solchen Ausschnitten zu arbeiten. Die meisten Bildbearbeitungsprogramme haben einfache Freistellfunktionen, die schon beim Beschneiden den gewählten Ausschnitt gut erkennen lassen. Spielen Sie etwas herum und probieren Sie, wie verschiedene Ausschnitte auch verschiedene Bildaussagen hervorbringen bzw. wie Attraktivität und Spannung gesteigert werden können.
Oder Sie zeigen zuerst einen Ausschnitt, lassen dazu mutmaßen und geben dann das ganze Bild frei.

63 FILMLÄNGEN WÄHLEN

Es kann Themen geben, bei denen sich auch der Einsatz von Filmen anbietet, z. B. wenn es um historische Ereignisse geht. Generell sollte man gut prüfen, ob der Film wirklich nötig ist und das Thema erläutern kann. Ein Film lenkt die Aufmerksamkeit immer von Ihnen als Vortragendem ab, und man läuft leicht Gefahr, dass man eher vom Thema wegführt, als es zu unterstützen.

Trotzdem können hier und da Filme durchaus angeraten sein. Doch achten Sie unbedingt auf die Länge. Selten eignen sich Beiträge, die länger als zwei oder drei Minuten sind. Sie sollten eher kürzer und prägnanter sein (Tipp 60). Achten Sie auch auf eine ausreichende Qualität der Filme.

❯ Tipp 60

Achtung

Auch wenn das Einbinden von Filmen in Präsentationsprogramme heute kein grundsätzliches Problem mehr darstellt, üben Sie den Einsatz. Sie sollten genau wissen, wie Sie den Film starten, anhalten und gegebenenfalls wiederholen können. Hier reagieren manche Programme sensibel und eigenartig. Ausprobieren ist also unbedingt angesagt.

COPYRIGHT VON BILDELEMENTEN PRÜFEN

64

Dürfen Bilder – und auch hier sind Grafiken, Illustrationen, Karikaturen, Schautafeln, Filme usw. gemeint –, die Sie im Internet finden, einfach verwendet werden? Die klare Antwort ist: **Nein!** Es sei denn, sie sind für den unterrichtsinternen Gebrauch bestimmt. Und **nur da** ist das Urheberrecht eingeschränkt, um Bildungsaufgaben zu erleichtern. Wenn Sie aber Ihre Arbeit auch außerhalb des Unterrichts präsentieren oder gar veröffentlichen wollen, gilt: Jedes Bild unterliegt dem **Urheberrecht** und generell darf man ohne Einwilligung des Urhebers nicht einfach Bilder downloaden und für eigene Zwecke verwenden. Sie benötigen auf jeden Fall die Genehmigung des Urhebers (Tipp 88).

❯ Tipp 88

Viele Bilddatenbanken stellen solche urheberrechtlich freigegebenen Bilder allerdings zur Verfügung und stellen dort auch unzweifelhaft klar, wie und zu welchem Zweck die Bilder kostenlos verwendet werden dürfen. Beachten Sie diese Vorgaben unbedingt. Jede unerlaubte Nutzung ist strafbar.

Gleich mal ausprobieren

Wer anfragt, erhält oft unproblematisch die Genehmigung, das Bild für eine Präsentation im Rahmen der schulischen Arbeiten zu benutzen. Wenn Sie also unbedingt ein Bild nutzen wollen, finden Sie heraus, wo das Bild herkommt, und fragen Sie um Erlaubnis.

Das ist allemal besser, als nach der Verwendung in Schwierigkeiten zu kommen.

Sie sollten sich aber in jedem Fall sicher sein, dass dieses Bild für Ihren Vortrag passend ist bzw. Ihre Aussage verdeutlicht, bevor Sie den Aufwand der Genehmigung betreiben. Fragen Sie im Zweifel eine unbeteiligte Person Ihres Vertrauens.

Copyright-Vermerk Jedes Foto, das Sie nicht selbst geschossen haben, muss auch in Ihrer Präsentation einen sogenannten Copyright-Vermerk bekommen. Sie müssen also den Urheber (Fotografen) bzw. den Inhaber der Nutzungsrechte (das können Agenturen oder Bildarchive sein) in unmittelbarer Nähe des Bildes nennen. Das kann in kleiner Schriftgröße geschehen, aber Sie sollten es unbedingt beachten.

Wenn Sie ein Bild freundlicherweise kostenlos zur Verfügung gestellt bekommen haben, darf man dies auch gern am Ende der Arbeit noch mal erwähnen.

Checkliste für Bildelemente:
- Einsatzbereich des Bildes prüfen
- Aktualität prüfen
- Nutzungsrechte prüfen
- Technische Verwendbarkeit/Auflösung prüfen
- Bild ggf. optisch aufarbeiten
- Ausschnitt und Größe festlegen
- Fotograf/Quelle angeben (Copyrightangaben)

65

Auch bei einer inhaltlich guten Präsentation ist die „Verpackung", also die äußere Form und die gesamte Darstellung, wichtig. Mit Animationen und Effekten beim Folienübergang wie z. B. Ein- und Ausblenden oder vertikales Öffnen usw. kann man Spannung und Aufmerksamkeit erzeugen. Hier bieten die Programme jede Menge Spielvarianten unter den entsprechenden Menüpunkten an. Über fehlende Inhalte sollte man damit aber nicht hinwegtäuschen!

Im ersten Moment scheinen diese Animationen spannend und attraktiv zu sein. Es fliegt etwas durch die Gegend, Bilder setzen sich zusammen oder fliegen auseinander – die Varianten scheinen zahllos zu sein.

Sicher sind einfache Überblendungen manchmal schöner und harmonischer als harte Bildwechsel. Dezente Bewegungen helfen, um etwas Leben in die Präsentation zu bringen. Aber müssen wirklich Bilder hereinfliegen oder sich in Klötzchen auflösen, Grafiken aufblitzen oder Überschriften hereinrollen? Bei den meisten Themen ist dies wohl eher nicht angebracht.

Prüfen Sie also ruhig einmal alle Möglichkeiten – wenn Sie die Zeit dazu haben. Aber wählen Sie eher die dezenten und leiseren Animationsmöglichkeiten. Und wenn es dann doch einmal eine etwas extremere Form sein muss, dann sollte es inhaltlich unbedingt Sinn machen und für den Zuschauer nachvollziehbar sein.

Einzelne Effekte von Animation und Seitenwechsel werden Sie erst wirklich in der Gesamtpräsentation feststellen. Prüfen Sie immer wieder:

Checkliste

- Wer ist mein Zielpublikum – passt die Animation?
- Ist der Effekt/die Animation/der Seitenwechsel interessant oder lächerlich?
- Passt der Einsatz zu meinem Thema?
- Passt der Einsatz zu der speziellen Stelle innerhalb meines Themas?
- Werden meine Inhalte unterstützt oder gehen sie im Effekt unter?

Achtung

Inhalt geht vor

Halten Sie sich während des inhaltlichen Arbeitens nicht mit Animationen oder Seitenwechseln auf – auch wenn es verlockend ist. Nutzen Sie diese Möglichkeiten erst *nach* Fertigstellung Ihres Vortrags. So vermeiden Sie, dass Ihre Inhalte in den Hintergrund geraten, und können vor allem den Einsatz von Animationen am Ende im Gesamtpaket prüfen und beurteilen.

Diesen Tipp sollten Sie auch Ihren Schülerinnen und Schülern sehr ans Herz legen, denn gerade sie verlieren sich leicht in den Möglichkeiten der Effekte, wenn sie eine Präsentation erstellen.

REGELN ZUR LESBARKEIT BEACHTEN

66

Die 7 x 7-Regel

Um Folien so lesbar und klar wie möglich zu gestalten, können Sie die 7 x 7-Regel anwenden: Sie versuchen, in den einzelnen Zeilen nicht mehr als 7 Worte zu verwenden und innerhalb einer Folie nicht mehr als 7 Zeilen.

Das gilt nur als Anhaltspunkt, ist aber eine gute Hilfe, um sich zu beschränken, wenn man dazu tendiert, zu viel zu schreiben.

Beispiel

A: Ohne Anwendung der 7x7-Regel (Text ist Blindtext):

Im Regenwald ist es von größter Bedeutung, die Dichte des Waldbestands stabil zu halten. Dazu werden immer öfter von den örtlichen Behörden folgende Maßnahmen ergriffen:

- Ständige Ausdünnung der kleinen und mittleren Gewächse im regelmäßigen Zeitabständen
- Durchführung der Rodung der halbhohen Büsche, insbesondere der dauergrünen Gewächse

- Einsatz von mehreren verschiedenen Einzelmaßnahmen im Bereich der Baumkronenkürzung mit mittlerem Gerät
- Ausbau der Notdüngung im Herbst, wie auch im Winter und zu anderen Zeiten, wenn nötig
- Einstellung der Totalrodung der mittleren bis hohen Bäume für mindestens ein halbes Jahr

(15 Zeilen, 90 Wörter)

B: Mit Anwendung der 7x7-Regel:

Die Bedeutung der Dichte des Regenwaldes:
Folgende Maßnahmen werden von den Behörden ergriffen:
- Regelmäßige Ausdünnung kleinerer und mittlerer Gewächse
- Rodung der halbhohen Büsche, besonders Immergrüne
- Einzelmaßnahmen bei Baumkronenkürzung mit mittlerem Gerät
- Notdüngungen überwiegend im Herbst und Winter
- 6 Monate keine Totalrodung mittlerer bis hoher Bäume

(7 Zeilen auf Folien – im Buchlayout ergeben sich mehr, 50 Wörter)

MUSIK KANN UNTERSTÜTZEN

67

Auch hier gilt: Unterstützt die Musik das, was ich sagen will, oder lenkt sie eher davon ab? Musik kann ein sehr geeignetes Mittel sein, das Vorgetragene wirkungsvoller zur Geltung zu bringen, besonders, wenn Bilder eingesetzt werden.
Ob das gleichzeitige Abspielen eines Musikstücks hilfreich ist, während Sie sprechen, ist eher zweifelhaft. Das würde

auch ein besonderes Timing und Handling erfordern, was meistens allein kaum zu schaffen ist.

Insofern ist Musik eher hilfreich, während Bilder gezeigt werden, als Einleitung, Pause, kleines Zwischenspiel oder Abschluss.

Welche Musik zu welchem Thema?

Welche Musik passt? Läuft sie als Hintergrundmusik, oder steht sie im Vordergrund zum Anhören während der Präsentation? Sicherlich ist der Einsatz hier noch themenrelevanter als in anderen Bereichen. Wählen Sie also wirklich nur Musik, die eine treffende Aussage zu Ihrem Thema macht.

Abspielmöglichkeiten prüfen bzw. organisieren

Wenn Sie den Einsatz von Musik planen, müssen Sie unbedingt die Abspielmöglichkeiten vor Ort prüfen und organisieren.

Wenn keine wirklich guten Voraussetzungen zum Abspielen der Musik vorhanden sind, verzichten Sie lieber auf den Einsatz. Musik muss gut klingen, sonst wirkt sie nicht!

Copyrights?

Dürfen Sie Musik für Ihre Präsentation nutzen? Was sagen die Urheber dazu? Generell gilt, dass Sie Musik ohne die Erlaubnis der Urheber kostenfrei nutzen dürfen, sofern dies innerhalb einer sogenannten privaten Schulveranstaltung geschieht. In diesem Fall darf keinerlei Öffentlichkeit Zugang zu Ihrem Vortrag haben. Das ist im normalen Unterricht immer der Fall.

❯ Tipp 92 Wenn allerdings Ihre Präsentation später sogar im Internet veröffentlicht wird, ist die Nutzung genehmigungs- und auch kostenpflichtig (Tipp 92).

Da Sie nun in einem solchen Fall Robbie Williams oder die Rolling Stones nicht persönlich fragen können, werden die Rechte hier in Deutschland gemeinhin von der GEMA vertreten. Diese regelt sowohl die Erlaubnis- als auch die Kostenfrage, wobei im Normalfall die Erlaubnis nicht das Problem ist, eher sind es die Kosten.

Neben dem Sehen und Hören bleiben noch drei Sinne für den Einsatz in der Präsentation übrig: Fühlen/Tasten, Riechen und Schmecken. Normalerweise werden diese Sinne in Vorträgen und Präsentationen nicht bedient, aber es kann nicht schaden, über deren Einsatz nachzudenken.

Besondere Gerüche zu besonderen Themen

Auch hier gibt Ihr Thema wieder die Richtung vor. Wenn Sie also über den Einsatz der olfaktorischen Wahrnehmung (Riechen) beim Verkauf referieren, kann Ihnen eine Tüte frischer Brötchen oder Brote helfen, die Wirkung von Backautomaten im Verkaufsraum von Bäckereien besser darzustellen.

Zu vielen Themen gibt es passende Gerüche. Viele davon sind darstellbar – warum sie also nicht auch unterstützend für Ihren Vortrag einsetzen?

Zu einer Einführungsstunde über die alpinen Tannenwälder lassen Sie die Schüler an Tannenzweigen riechen – mit verbundenen Augen.

Selbst wenn das Thema keine direkte Assoziation zu einem Geruch zulässt, helfen angenehme Gerüche im Umfeld Ihrer Präsentation, die Aufmerksamkeit zu erhöhen.

Angenehmes Einsetzen

Gleich mal ausprobieren

Frische Luft im Raum der Präsentation ist der einfachste Weg, für gute Luft zu sorgen. Zudem erhöht der frische Sauerstoff die Konzentration.

Also auf jeden Fall ordentlich lüften, bevor Sie mit Ihrer Präsentation beginnen.

Aber auch angenehme Duftquellen können anregend sein. Probieren Sie verschiedene Möglichkeiten aus – dezent und in Maßen.

69

Um die volle Aufmerksamkeit am Anfang Ihrer Präsentation zu erlangen, kann Ihnen ein Einstiegsgag oder eine kleine Einstiegsaktion helfen. Was könnte zum Thema passen?

Beispiel

Thema:	Einstieg:
Mode	Organisieren Sie drei „Models" und ein paar Kleidungsstücke und lassen Sie sie kurz durch den Präsentationsraum wandeln.
Werbung	Zeigen Sie zu Beginn drei lustige Werbespots aus dem Ausland, die noch keiner kennt.
Theater	Kleiden Sie eine Schaufensterpuppe in ein entsprechendes Kostüm und stellen Sie die Puppe in den Raum.
Latein	Zeigen Sie eine kleine Sequenz aus einem Asterix-und-Obelix-Film mit lateinischer Konversation.
Geschichte	Finden Sie etwas Typisches für die Zeit, über die Sie sprechen, z. B. ein altes Werkzeug oder ein typisches Material, und führen Sie es vor.

❯ Tipp 68

Auch wenn es Ihnen aufwändig erscheint: Es lässt sich zu jedem Thema ein guter Einstieg finden (Tipp 68). Je ausgefallener und ungewöhnlicher Ihre Idee ist, desto besser. Sie muss aber trotzdem eindeutig zum Thema passen. Hier ist Ihre Kreativität gefragt. Das mag zunächst nicht sehr hilfreich erscheinen. Sie führen ja nur in das Thema ein. Aber besser können Sie die Aufmerksamkeit und besonders das Wohlwollen Ihrer Zuhörer nicht erlangen.

Je mehr Mühe Sie sich hier geben, desto größer ist Ihre Chance auf eine gelungene Präsentation. Und wenn Sie selbst keine Idee haben, weil das Thema zu komplex oder zu speziell erscheint, fragen Sie doch einfach mal herum, was anderen so zum Thema einfällt. Irgendeine hier geäußerte Idee können Sie sicher aufgreifen und verwenden.

ZWISCHENDURCH ÜBERRASCHEN

Besonders bei längeren Präsentationen lässt die Aufmerksamkeit der Zuhörer irgendwann nach, auch wenn das Thema noch so spannend oder interessant ist. Hier ist der Platz für eine kleine Aktion.

Halten Sie Ihre Präsentation kurz an und wenden Sie sich den Zuhörern direkt zu. Vielleicht lüften Sie erneut den Raum oder verteilen einige Traubenzuckerpastillen für die Konzentration. Oder Sie bitten die Zuhörer, kurz aufzustehen und gemeinsam mit Ihnen ein Lied zu singen. Blöd? Egal, machen Sie einfach etwas, was die Anspannung löst und die Aufmerksamkeit der Zuhörer wieder auf Ihr Thema fokussiert. Auch hier gibt es keine Grenzen für Ihre Kreativität.

Aufmerksamkeitslevel

Gleich mal ausprobieren

Suchen Sie sich einen Verbündeten unter den Zuhörern, der das Aufmerksamkeitslevel genau beobachtet. Sie allein können das neben Ihrem Vortrag nicht so gut. Vereinbaren Sie ein Zeichen, wenn die Aufmerksamkeit wegzubrechen droht. Dann platzieren Sie Ihre Zwischenaktion zum nächstmöglichen Zeitpunkt.

Einen Schlusspunkt setzen

71

Beenden Sie die Präsentation mit einem besonderen Abschluss. Das kann eine interessante Abschlussfrage sein, die in eine Diskussion mündet.

Oder Sie greifen etwas vom Anfang auf: Wenn Sie z. B. zum Einstieg eine Schaufensterpuppe in der Kleidung einer Theaterfigur gezeigt haben, greifen Sie sich den Hut oder Schal
> Tipp 69 und deklamieren Sie einige Sätze (Tipp 69).

Oder haben Sie in der Präsentation eine historische Ansicht aus einer Stadt gezeigt? Dann ergänzen Sie zum Schluss eine Ansicht aus heutiger Zeit.

Vielleicht gibt es einen passenden Witz oder eine Anekdote.

Ein „Pecha Kucha" ausprobieren

72

Pecha Kucha ist eine asiatische Präsentation in einer streng geregelten Form: Passend zum mündlichen Vortrag werden Folien an die Wand projiziert, und zwar genau 20 Stück, jede für genau 20 Sekunden. So kommt man insgesamt auf eine Vortragszeit von 400 Sekunden (6 Minuten 40 Sekunden).

20 Folien in
je 20 Sekunden
Den Zuhörern sollte man diese Vortragstechnik vorher kurz erläutern, damit sie wissen, dass sie ihre Aufmerksamkeit extrem schärfen müssen – zwar zunächst nur für knapp sieben Minuten, aber das ist für manche schon eine sehr lange Zeitspanne.

Langatmige, langweilige Vorträge gibt es mit „Pecha Kucha" nicht mehr – dafür eine kurzweilige, auf den Punkt gebrachte Themen-Präsentation, in der man sich die meisten Aussagen bereits vorformulieren muss.

Übrigens: Je Folie hat man wie gesagt 20 Sekunden Zeit. Das ist nicht viel. In dieser Zeit kann man – als Orientierung – etwa 50 Wörter sprechen. Einfach schneller zu sprechen empfiehlt sich nicht, da die Zuhörer Ihnen ja noch folgen
> Tipp 66 sollen (Tipp 66).

Gleich mal ausprobieren

Erproben Sie diese Form gemeinsam mit Ihrer Klasse. Teilen Sie die Klasse in Arbeitsgruppen mit vier oder fünf Mitgliedern auf. Jedes Gruppenmitglied arbeitet zu einem Teilgebiet des Gesamtthemas und soll dazu fünf oder vier Folien (je nach Gruppenstärke) vorbereiten. Dann präsentiert die Gruppe ihr Gesamtergebnis.

DEN BEAMER RICHTIG ANSCHLIESSEN

73

Beamer sind heute aus dem Unterricht nicht mehr wegzudenken. Sie bieten eine schnelle Möglichkeit, Daten, Bilder oder Filme an die Wand zu projizieren. Umso ärgerlicher, wenn der Einsatz des Beamers und damit die Unterrichtsvorbereitung dann an Kleinigkeiten scheitert.

Wenn Sie Ihren eigenen Computer (meist ein Laptop) an vorhandene Beamer anschließen wollen, sollten Sie alle dazugehörigen Komponenten prüfen und sicherstellen, dass auch alles zusammenpasst.

Komponenten prüfen

Achtung

Vergessen Sie nicht, den eigenen Computer zu checken:
- Hat Ihr Laptop einen Ausgang, an dem ein Beamer angeschlossen werden kann?
- Welche Art von Ausgang ist es?
- Haben Sie das Netzteil des Computers dabei? Selbst wenn die Batterien aufgeladen sind, geht dem Computer je nach Art der Projektion hier schnell die Luft aus, besonders wenn Sie DVDs abspielen wollen.
- Wo kann man in der Systemsoftware für den Beamereinsatz Einstellungen vornehmen?

Jeder Computer und jeder Beamer arbeitet immer ein wenig anders, trotz aller Standardisierung. Sie sollten also zunächst auf jeden Fall Ihren Computer bzw. Laptop kennen und bedienen können.

Aber nicht nur der Computer ist zu checken, versichern Sie sich ebenfalls, dass alle benötigten Daten vorhanden sind und dass Präsentationen funktionieren und Filme abgespielt (Tipp 63) werden können.

❯Tipp 63

Achtung

Je nachdem, was Sie mit dem Beamer präsentieren wollen: Es empfiehlt sich auf jeden Fall, den Datensatz zusätzlich auf einem Daten-Stick oder einer CD dabei zu haben.

Sollte Ihr eigener Computer streiken, können Sie so eventuell auf ein Ersatzgerät vor Ort zurückgreifen. Speziell bei PowerPoint- oder PDF-Präsentationen ist das meist unkompliziert möglich. Adobe Reader und PowerPoint sind auf den meisten Computern installiert (Tipp 2).

❯Tipp 2

74 DEN BEAMER ANSTEUERN

Ist Ihr eigener Computer einsatzbereit, gilt es, den Beamer zu prüfen. Gerade wenn Sie mit ihm noch nie gearbeitet haben, müssen Sie vor der Veranstaltung oder dem Unterricht das Zusammenspiel ausprobieren. Die Fehlermöglichkeiten sind hier naturgemäß sehr hoch und ein „Ach, das klappt schon … " kann schnell zum „Hier funktioniert irgendwie gar nichts … " werden.

Das fängt oft bei den Kabeln und Adaptern an. Prüfen Sie deshalb genau:

Checkliste
- Sind beim Beamer die entsprechenden Kabel beigefügt?
- Passen die Kabel auch wirklich (oft gibt es Verwechslungen beim Aufräumen!)?
- Welchen Anschluss für Computer stellt der Beamer bereit: VGA, DVI, HDMI?
- Welches der Signale kann Ihr Computer liefern?
- Hat Ihr Computer die passenden Stecker oder sind hier Adapter nötig? (Oft bei Apple-Computern wichtig!)
- Wo können Sie fehlende Teile bekommen?

Gleich mal ausprobieren

Wenn es die Zeit und die Umstände erlauben, gibt es eigentlich nur eine sichere Möglichkeit, um Pannen zu vermeiden: Testen Sie exakt die Konstellation, die Sie nutzen wollen, und machen Sie einen Testdurchlauf.

Man möchte gerne auf diesen Aufwand verzichten. Wenn Sie aber keine peinliche Situation am Elternabend oder im Unterricht erleben wollen, sollten Sie sich einen Testdurchlauf zur Regel machen.

DEN BEAMER AUSRICHTEN

75

Sind alle Komponenten geprüft und arbeiten Computer und Beamer gut zusammen, kümmern Sie sich um die richtige Ausrichtung.

Sie haben sich viel Mühe gegeben, eine Präsentation zusammenzustellen. Es wäre schade, wenn durch die falsche Aufstellung der Geräte bzw. durch eine schlechte Ausrichtung nur die Hälfte davon zu sehen wäre oder alles krumm und schief erschiene.

Stellen Sie den Beamer so weit von der Leinwand weg, dass das Bild maximal groß ist und jeder im Raum – auch die Personen hinten! – die Schriften und Einzelheiten noch gut sehen kann. Gehen Sie selbst ans Ende des Raumes und beurteilen Sie die kleinsten Schriften. Kann man sie noch entziffern?

Notfalls vergrößern Sie den Abstand zwischen Beamer und Leinwand entsprechend, dann wird alles größer.

Achtung

Wenn Sie bei diesem Test feststellen, dass Schriften nicht lesbar oder Bilder zu klein sind, um die Inhalte zu erkennen, selbst wenn Sie den Abstand zwischen Beamer und Leinwand maximal vergrößert haben, dann sollten Sie noch mal nacharbeiten.

Vergrößern Sie Schriften und Bilder entsprechend. Es ist schwer, eine Präsentation am verhältnismäßig kleinen Bildschirm so zu beurteilen, dass nachher in der Anwendung auch alles gut lesbar ist. Dazu dient eben der Test vor Ort und mit den entsprechenden Geräten.

Haben Sie nun alles gerade ausgerichtet und ist dennoch das Bild oben breiter als unten, so liegt das daran, dass der Beamer nicht genau in der Mitte der Leinwand ist. Das lässt **Trapezkorrektur** sich aber leicht mit „Trapezkorrektur" oder „Keystone" ausgleichen. Hierzu müssen Sie in das Menü des Beamers und die entsprechenden Einstellungen vornehmen, bis das Bild exakt rechteckig ist.

BILDFORMATE BEACHTEN

76

Wenn Sie nun alles perfekt eingerichtet haben, prüfen Sie nochmal, ob das Bildformat richtig ist. Hierbei geht es darum, dass der Computer ein gewisses Bildformat/eine Auflösung liefert, z. B. 4:3 oder 16:9, und der Beamer nur ein bestimmtes projizieren kann.

Verzerrte Bilddarstellungen Oft passen beide Formate nicht zusammen, was dann zu verzerrten Bilddarstellungen führt. Bei Schriften merkt man es oft nicht sofort, bei Bildern schon eher, wenn plötzlich Menschen komische Eierköpfe bekommen oder Dinge sehr breit aussehen, obwohl man sie doch ganz schlank in Erinnerung hat.

Beamer und Computer sollten sich gegenseitig „verstehen" und automatisch das bestmögliche Bildformat und die entsprechende Auflösung einstellen. Leider klappt das in der Praxis selten.

Sie sollten wissen, wo Sie in Ihren Einstellungen am Computer verschiedene Bildschirmauflösungen händisch einstellen können. Meist reicht das, um den Beamer entsprechend anzusteuern (Tipp 97).

❯ Tipp 97

Es hilft oft, den Beamer nochmal aus- und einzuschalten, wenn man am Computer die Auflösung verändert hat.

Achtung

Am besten ist es, wenn Sie schon vor Erstellung Ihrer Präsentation in Erfahrung bringen können, welches Bildformat und welche Auflösung der Beamer hat. Dann können Sie bereits das Präsentationsformat z.B. in PowerPoint (Tipp 2) entsprechend wählen und Bildmaterial in der entsprechenden Auflösung einbauen!

❯Tipp 2

HELLIGKEIT UND FARBEN EINSTELLEN

77

Jeder Beamer hat seine eigene Lichtstärke und seine eigenen Farbeinstellungen. Man kann nicht davon ausgehen, dass Bildschirme und Beamer das gleiche Bild liefern.
Hier können Sie nun in den Farbeinstellungen des Beamers noch etwas nachjustieren. Gehen Sie vorsichtig vor und merken Sie sich die Voreinstellungen, damit Sie im Notfall wieder zurückfinden. Was für das eine Bild zu passen scheint, mag für das andere Bild plötzlich furchtbar aussehen. Hier muss man sicherlich die größten Kompromisse eingehen. Beamer und Bildschirm sind nun einmal zwei verschiedene Paar Stiefel.

Wichtig zu wissen ist, dass Beamer oft auch nicht dasselbe Kontrastverhältnis haben wie Computerbildschirme. Wenn man zarte Kontraste wie z. B. Hintergründe in seine Präsentation eingebaut hat, kann es gut sein, dass der Beamer diese gar nicht darstellen kann. Dann fehlen plötzlich Details und auch die Nachjustierung hilft hier nicht weiter.
Beamer sind meistens heller als der Computerbildschirm. Wenn Sie das von vornherein berücksichtigen, dann funktioniert auch Ihre Präsentation, selbst wenn sie etwas anders aussieht.

Kontrastverhältnis beachten

Gleich mal ausprobieren

Drehen Sie an Ihrem Computer, an dem Sie Ihre Präsentation erstellen, die Helligkeit auf maximale Stufe und setzen Sie wenn möglich den Kontrast sehr weit zurück. So können Sie einen schlechten Beamer simulieren. Wenn Sie nun mit diesen Einstellungen die Präsentation erarbeiten, sollte sie auch auf einem schlechten Beamer gut funktionieren.

Prüfen Sie aber auch, ob die Präsentation in der Normaleinstellung Ihres Computers gut aussieht! So sind Sie für alle Eventualitäten gewappnet!

FÜR GUTEN TON SORGEN

78

Mit den heutigen Techniken sind schnell ein Video, ein Lied oder ein Geräusch in eine Präsentation eingebaut. Doch oft vergessen wir den Ton und gehen davon aus, dass man den schon hört.

Achtung

Die meisten Beamer haben keinen Lautsprecher. Wenn Sie also Ton für Ihre Präsentation brauchen, müssen Sie unbedingt eine externe Soundanlage bereitstellen.
Ihr Laptop wird zwar den Ton abspielen, ist aber von den Lautsprechern und der Leistung her viel zu klein, um einen größeren Raum zu beschallen.

Oft reichen schon kleine externe Boxen, die Sie direkt an den Laptop anschließen, um das Tonproblem zu lösen.

Checken Sie auch die Kabel und Anschlussmöglichkeiten vorher!

Verständlichkeit prüfen

Testen Sie die Verständlichkeit des Tones im ganzen Raum (am besten zusammen mit einem Helfer):
- Wo stehen die Lautsprecher am besten?
- Kann man die Texte, auf die es ankommt, verstehen?
- Sind die Bässe zu laut und müssen nachgeregelt werden?

- Hört man auch im hinteren Teil des Raumes alles gut und deutlich?

Es wäre schade, wenn die Zuschauer am Ende einer ansonsten überzeugenden Präsentation leider nicht alles verstanden haben (Tipp 74).

❯ Tipp 74

DIE LAMPE KONTROLLIEREN

79

Alles läuft prima und plötzlich das: Der Beamer ist noch an, aber das Bild verschwindet. Die Lampe ist kaputt.
Es passiert eher selten, aber auch Beamerlampen haben eine begrenzte Lebensdauer.
Sie können einiges tun, um die Lebensdauer zu verlängern und die Gefahr zu verringern, dass gerade bei Ihnen die Lampe kaputtgeht:

- Vermeiden Sie grobe Erschütterungen des Projektors im eingeschalteten Zustand.
- Lassen Sie nach Benutzung des Beamers die Lampe gut auskühlen, bevor Sie das Gerät wieder einpacken.
- Die meisten Geräte sind so geschaltet, dass die Lüftung noch weiterläuft, auch wenn die Lampe schon aus ist. Ziehen Sie also nicht vorschnell den Stecker, denn dann kann der Lüfter nicht mehr arbeiten.
- Lassen Sie den Beamer, auch wenn die Lüftung aus ist, noch möglichst lange so stehen, bevor Sie ihn wieder einpacken.
- Wenn möglich nutzen Sie den ECO- oder Sparmodus, das erhöht die Lebensdauer der Lampe.
- Häufiges Ein- und Ausschalten kurz hintereinander ist Gift für die Lampe, dann lieber den Beamer laufen lassen.

Maßnahmen zur Verlängerung der Lebensdauer

Beamerlampen sind relativ teuer und ihre Lebensdauer beträgt oft nur ca. 3000 Stunden. Danach gehen die Lampen nicht gleich kaputt, aber ihre Leuchtkraft lässt erheblich nach.

Insofern ist es nicht verkehrt, wenn immer eine Ersatzlampe für den Beamer da ist. Man braucht sie sowieso irgendwann und sollte einmal die Katastrophe geschehen und die Lampe kurz vor oder während des Vortrags kaputtgehen, so kann man sie austauschen. Aber erst abkühlen lassen, sonst verbrennen Sie sich leicht die Finger!

Schmutz entfernen Wenn das Bild irgendwie undeutlich aussieht und die Schärfeneinstellung daran nichts ändert, könnte die Lampe einfach verschmutzt sein. Beim Deckelaufbringen greift man leicht mal auf das Objektiv und die Luftverschmutzung tut das Ihre dazu.

Schauen Sie sich deshalb ab und zu das Objektiv des Beamers an. Ist die Linse sauber?

Schon manche Präsentation erstrahlte erst in vollem Glanz, nachdem die Linse von jahrelangem Schmutz befreit wurde.

Achtung

Auf keinen Fall im laufenden Betrieb direkt in die Linse schauen. Die Lampen sind sehr hell und Sie werden massiv geblendet, wenn Sie direkt und zu nah hineinsehen. Auch das Reinigen darf nicht bei laufendem Betrieb passieren. Sie würden sonst den Schmutz eher ins Objektiv einbrennen, als dass Sie ihn entfernen.

Prüfen Sie die Optik also nur im kalten Zustand!

Zum Reinigen verwenden Sie am besten geeignete Reinigungstücher für Linsen. Zur Not geht es auch mit einem weichen Tuch; evtl. etwas auf die Linse hauchen und dann in kreisenden Bewegungen vorsichtig und mit nicht zu viel Druck die Linse abreiben.

80

Im Internet finden Sie Materialien für den Unterricht in fast grenzenloser Zahl; nicht alles ist durchdacht und sinnvoll, aber es gibt auch einige Perlen zu entdecken.

Systematisch betrachtet sind dort Materialien zu folgenden Bereichen erhältlich:

Materialangebote

- In Lehrerforen stellen sich Lehrerinnen und Lehrer gegenseitig ihre Materialien zur Verfügung. Diese sind oft nach Fächern und Themen geordnet, meist selbst erstellt und haben einige Nachteile: Zum einen wird das Material oft ohne Berücksichtigung des Urheberrechts zusammengestellt. Zum anderen sind die Materialien oft unprofessionell erarbeitet, passen schlecht in das eigene Unterrichtskonzept und sind nicht kompatibel zum verwendeten Schulbuch.

- Die großen Schulbuchverlage bieten inzwischen eigene Internet-Plattformen an, auf denen digitales Material zu den Lehrwerken und darüber hinaus vorhanden ist. Diese Portale bieten eine komplette, onlinebasierte Unterrichtsvorbereitung; sie sind gerade erst im Entstehen und entwickeln sich fortwährend weiter.

- Es gibt zahlreiche nichtschulische Internet-Angebote, die im Unterricht genutzt werden können:
- Enzyklopädien wie Wikipedia
- Nachrichtenportale mit Livestreams und Mediatheken, z. B. der ARD
- Videoportale wie YouTube (Tipp 84)

❯ Tipp 84

- Bilddatenbanken
- Textarchive der Zeitungen
- digitale Materialsammlungen von Museen und Instituten
- Materialien der Bundeszentrale für politische Bildung

81

SICH AUF LEHRERPLATTFORMEN AUSTAUSCHEN

Lehrerplattformen, in denen sich Leidensgenossen virtuell treffen, erfreuen sich großer Beliebtheit. Meist findet man hier sowohl ein Forum zum Austausch als auch eine Materialbörse. Einige lohnenswerte Foren seien hier aufgeführt.

www.wegerer.at (LL-Forum; LL-Web)

Auf dieser Website gibt es sowohl ein Forum zum Meinungsaustausch (LL-Forum) als auch eine große Materialsammlung (LL-Web). Die Materialien sind vor allem für die Grund- und Förderschule gedacht und umfassen verschiedene Fächer. Darüber hinaus gibt es zahlreiche Vorlagen für Hefte, Gutscheine, Schilder und Lernspiele.

Lehrerforen.de (Das Forum für Lehrer)

In diesem Forum finden Sie zahlreiche Untergruppen mit vielen Themenbereichen, gegliedert nach
- Schulform,
- Ausbildung und Berufsanfang,
- Schulleitung und Schulverwaltung,
- Eltern fragen Lehrer,
- Tipps und Tricks und Flohmarkt,
- Pressemitteilungen usw.

Materialien für den Unterricht finden sich hier nur vereinzelt, dafür aber reichlich inhaltliche Themen, die Lehrer betreffen.

4teachers.de (Von Lehrern für Lehrer)

Dieses Portal ist eine wahre Fundgrube. Manchmal muss man in den Materialien eine Weile suchen, bis man etwas Passendes gefunden hat. Knapp 6000 Unterrichtsentwürfe, etwa 50 000 nach Fächern sortierte Unterrichtsmaterialien, sowie unzählige weitere Materialien stehen zur Verfügung. Außerdem gibt es einen Blog (blog.4teachers.de) sowie einen Shop, in dem man Kalender, Stempel, Taschen, Kreide usw. erwerben kann.

Das Material steht registrierten Nutzern kostenlos zur Verfügung. Nach 100 Downloads erfolgt die Aufforderung, freiwillig einen kleinen Obolus zu spenden.

www.lehrerfreund.de (Der Lehrerfreund)

Auf der Plattform werden kostenlose Unterrichtsmaterialien zu den Fächern Deutsch, Geschichte und Politik vorgestellt. Unter dem Link „Noten" finden sich hilfreiche Tipps und Tools zu den Themen Korrigieren und Bewerten.
Interessant ist der Bereich „Medien", der didaktisch-methodische Tipps zur Verwendung digitaler Medien im Unterricht bereithält (Tipps 38 und 39).

❯Tipp 38 und 39

Auf der Seite „Lehrer" werden die Themen behandelt, die von persönlichem Interesse sind: Gehalt, Arbeitszeit, Burnout, Arbeitszimmer usw.

KOMMERZIELLE ANGEBOTE SICHTEN

82

Inzwischen bieten eine Reihe von Verlagen und anderen Unternehmen kommerzielle Plattformen zur Unterrichtsvorbereitung an. Der echte Vorteil dieser Plattformen gegenüber den nichtkommerziellen Angeboten ist, dass es sich hierbei um professionelles und nutzungsrechtlich einwandfreies Material handeln sollte.
Der Nachteil liegt auf der Hand: Nutzungsrechte kosten Geld, weil es Menschen gibt, die vom Erstellen solcher Materialien leben.

meinUnterricht.de

Hier finden Sie eine ständig wachsende Anzahl von digitalisierten Unterrichtsmaterialien (Arbeitsblätter, Unterrichtseinheiten, didaktische Leitfäden usw.) der Fachverlage Raabe, AOL Verlag, Friedrich, Klett, Persen, Auer, V&R. Mit einer Schlagwortsuche sowie präzisen Filtern (z. B. nach Fach, Schulform, Klassenstufe) finden Sie die Materialien, die Sie für Ihren Unterricht benötigen.

Das Erstellen neuer Arbeitsblätter und das Differenzieren auf verschiedenen Leistungsniveaus ist möglich. Dabei können Verlagsmaterialien (ganze Seiten oder nur Teilbereiche) und eigene Materialien kombiniert werden.

Auf einer persönlichen, visuellen Benutzeroberfläche können Sie Reihen und Stunden online planen und Ihre Unterrichtsvorbereitung online verwalten. Wenn Sie Ihre Planung abgeschlossen haben, laden Sie sich die Dokumente einfach herunter und setzen Sie (im Klassensatz) in Ihrem Unterricht ein.

www.skook.de

Auf dieser Internet-Plattform stehen Ihnen und Ihren Schülern mittlerweile über 400 Lehrwerke von Cornelsen, dem Oldenbourg Schulbuchverlag, Volk und Wissen sowie Duden Schulbuch in elektronischer Form zur Verfügung.

Zunächst müssen Sie sich auf der Plattform registrieren und (über Ihre Kundennummer eines dieser Verlage) als Lehrer autorisieren. Dann können Sie sich auf der Plattform anmelden. Auch Schüler können sich auf der Plattform im Schülerbereich registrieren.

Code im Buch zur Freischaltung Sie und Ihre Schülerinnen und Schüler finden auf der ersten Seite des gedruckten Buches eines der oben genannten Verlage einen Code, den Sie auf www.scook.de eingeben. So schalten Sie sich die digitale Version frei. Die Lizenz für das E-Book wird automatisch mit dem Kauf des gedruckten Schulbuches erworben.

Auch wenn Sie Ihr Schulbuch schon seit einiger Zeit einsetzen und über keinen Code verfügen, ist eine Freischaltung über die Plattform möglich.

Die Plattform „Scook" bietet darüber hinaus aber noch mehr als nur das digitale Schulbuch:

Lehrkräften stehen zusätzlich alle Vorteile einer digitalen Arbeitsumgebung zur Verfügung:

- multimediale Unterrichtsmaterialien
- seitengenaues Hochladen selbsterstellter Unterlagen
- Verknüpfung passender Weblinks
- Planung Ihrer Unterrichtsstunden direkt am E-Book

83

Lehrfilme wurden schon früher im Unterricht eingesetzt. Damals war es oft reichlich kompliziert und umständlich, einen Tonfilm für den Unterricht auszusuchen, bei der Landesbildstelle zu bestellen, ihn dann Wochen später mit einem eigens aufgebauten 16mm-Filmprojektor abzuspielen. Das war jedes Mal ein Erlebnis für Schüler und Lehrer!

Heute ist es bedeutend einfacher. Das Internet bietet viele Fundstellen für Filme zu fast jedem erdenklichen Inhalt. Viele dieser Filme sind aber nicht einsetzbar, weil sie didaktisch nicht aufbereitet sind. Vor allem bei offenen Plattformen wie YouTube oder Vimeo trifft das zu. Da hilft nur, sich die Filme anzusehen, bevor man sie seinen Schülern zeigt (Tipp 63).

❯ Tipp 63

Eine große Auswahl an Filmen zu vielen unterrichtlichen Themen bietet das FWU – das Medieninstitut der Länder.

Das FWU nutzen

84

Es gibt Seiten im Internet, die zu verschiedenen Themen Erläuterungen in Filmform anbieten. Manchmal sprechen Menschen direkt in die Kamera, manchmal kommt die Stimme aus dem Off. Ergänzt werden diese Filme durch weiteres Bildmaterial. Prüfen Sie, ob Sie hin und wieder solch einen Film in einer Unterrichtseinheit einsetzen können (Tipp 63). Manche Angebote sind kostenpflichtig, viele stehen kostenlos zur Verfügung (Tipp 88).

❯ Tipp 63
❯ Tipp 88

youtube.com
Auf dem kostenlosen Videoportal YouTube gibt es unzählige Lehrfilme zu allen erdenklichen Themen. Viele Schüler nutzen diese Plattform bereits für die Hausaufgaben, wenn sie im Unterricht nicht richtig zugehört haben …

Bevor man ein YouTube-Video im Unterricht einsetzt, sollte man dringend dessen Qualität prüfen!

Sofatutor – www.sofatutor.com
Die kostenpflichtige Internet-Plattform bietet Lehrfilme zu vielen unterschiedlichen Themen und Fächern. Die Macher schreiben dazu auf ihrer Seite: „Bei sofatutor erklären dir die besten Lehrer und Dozenten den Stoff aus Schule und Uni." Damit ist sofatutor ein reines Nachhilfeangebot für Schüler und Studenten, das auch von Lehrern genutzt werden kann.

vimeo.com
Vimeo ist eine teilweise kostenpflichtige Videoplattform. Die Filme sind meist anspruchsvoller und qualitativ besser als auf kostenfreien Plattformen. Der Basic-Dienst ist kostenfrei, es ist lediglich eine Anmeldung erforderlich.

Simpleshow.com
clever-clip.com
explain-now.de
Bei diesen Anbietern handelt es sich um Firmen, die Erklärvideos unterschiedlicher Machart selbst erstellen. Auf den Seiten dieser Anbieter (und auch auf YouTube) finden Sie Filme zu unterschiedlichen Themen, die gut im Unterricht einsetzbar sind (z. B. zum Thema „Bundestagswahl").

Online-Vorlseungen von Univeritäten

Viele – vor allem amerikanische – Universitäten bieten Online-Vorlesungen an, die ebenfalls im Unterricht eingesetzt werden können.

Beispiel
Die Plattform „iTunes U" gehört zu dem Apple-Programm iTunes-Store, auf dem Lernmaterialien kostenlos bereitgestellt und verwaltet werden können. Hier finden Sie Vorlesungsreihen, Sprachkurse, Interviews usw. vieler renommierter Universitäten und Institutionen wie der Oxford und Stanford Universität oder dem MIT (Massachusetts Institute of Technology).
Man muss sich als Institution kostenlos registrieren lassen und hat dann über den iTunes-Store oder die iTunes-U-App Zugang zu Materialien aus vielen Ländern.

Über iTunes U kann man Video- und Audio-Podcasts nutzen, es können aber auch Textdokumente, Präsentationen und PDFs hinterlegt und verwendet werden.

2012 waren 19 deutsche Universitäten und Fachhochschulen als Anbieter mit eigenen iTunes U-Seiten vertreten. Hier kommen ständig weitere dazu, sodass sich immer wieder ein Blick lohnt.

85

DeuD - www.deutschunddeutlich.de

Etwa 1.200 Arbeitsblätter und dazugehörige Lösungsblätter stehen hier auszugsweise zur Verfügung. Komplett ist die Sammlung auch auf CD-ROM erhältlich.

www.deutsch.zum.de

Bereits im Frühjahr 1996 schlossen sich einige Lehrerinnen und Lehrer zu einer privaten, überregionalen Initiative zusammen, um die „Zentrale für Unterrichtsmedien im Internet" (ZUM Internet) aufzubauen. Seit dem November 1997 ist die ZUM Internet als gemeinnütziger Verein eingetragen.

Ziel der ZUM Internet e.V. ist es, Unterrichtsmaterialien bereitzustellen und nach Fächern, Klassen und Schultypen so zu gliedern, dass sich gesuchte Materialien schnell und unkompliziert finden lassen.

Da sich die Lehrpläne der Bundesländer und der Schultypen überschneiden, scheint uns eine gemeinsame Materialbörse mit entsprechend organisierten, multiplen Zugriffsmöglichkeiten die sinnvollste Organisationsform.

www.unterrichtsmaterial-schule.de

Auf dieser Seite stehen für zahlreiche Unterrichtsfächer, aber vor allem für den Deutschunterricht, umfangreiche Materialien zur Verfügung. Beachtenswert ist auch die ausführliche Link-Liste zu anderen Portalen.

www.keepschool.de

Auf dem kommerziellen Portal für Nachhilfe werden nach Klassenstufen und Fächern sortierte Arbeitsmaterialien angeboten. Außerdem gibt es einen umfangreichen und kostenlosen Lerntypentest.

www.lehrer-online.de

Diese bekannte Plattform bietet nicht nur für den Deutschunterricht Materialien, sondern für viele Fächer. Die Materialien sind gut strukturiert und liefern komplette Unterrichtseinheiten, die didaktisch-methodisch aufbereitet sind.

MATERIALIEN FÜR MATHEMATIK FINDEN

86

www.mathe-material.info

Die kostenlose Sammlung eines Mathematik- und Physiklehrers beinhaltet Übungsblätter von Klassenstufe 5 bis 10 und für die Oberstufe. Hinzu kommen Materialien zur Prüfungsvorbereitung und besondere Fördermaterialien.

www.mathe-schule.de

Hier gibt es nicht nur Arbeitsblätter zum kostenlosen Download, sondern auch Excel-Dateien und kleine Rechenprogramme. Die Materialien sind nur thematisch und nicht nach Klassenstufen geordnet.

www.tinohempel.de

Die Sammlung umfasst Mathematik-Arbeitsblätter und -programme sowie Unterrichtsmaterialien für den Informatik- und Physik-Unterricht. Der Autor ist Leistungskurslehrer für Mathematik und Informatik.

www.matheraum.de

Die kostenlose Seite für Lehrer und Schüler bietet Hilfe bei Problemen. In öffentlichen Foren kann man seine Fragen stellen und bekommt schnell Hilfe. Außerdem kann man eine umfangreiche mathematische Wissens-Datenbank, kostenlose Online-Kurse und kostenlose Online-Nachhilfe nutzen.

www.unterricht.de

Die Seite bietet, obwohl es der Titel nicht vermuten lässt, tatsächlich zurzeit fast ausschließlich Material für den Mathematik-Unterricht. Ein Englisch-Angebot ist im Aufbau. Das Ziel der Macher ist es, in Zukunft überwiegend kostenloses Material anzubieten (zu 80 Prozent). Bisher sind noch alle Angebote kostenlos. Man findet vor allem Übungen zur Vorbereitung auf Klassenarbeiten und für die mittleren Abschlussprüfungen und das Abitur.

www.klassenarbeiten.de

Hier werden für zahlreiche Fächer – nicht nur für den Mathematikunterricht – Klassenarbeiten angeboten. Die Seite ist für Schüler gedacht, kann aber gut als Anregung für die Gestaltung eigener Klassenarbeiten dienen.

www.lernstunde.de

Diese Seite ist die Schwesterseite der Seite www.klassenarbeiten.de. Es gibt Grundwissen-Materialien unterschiedlicher Fächer, die sich z. B. gut für eine Lerntheke eignen.

MATERIALIEN FÜR ENGLISCH FINDEN

87

British Council – www.britishcouncil.de

Das British Council, also die kulturelle Vertretung Großbritanniens im Ausland (vergleichbar mit dem deutschen Goethe-Institut in anderen Ländern) bietet auf seiner Internetseite einen speziellen Bereich „Ressourcen für den Unterricht" (www.britishcouncil.de/unterrichten/materialien) an. Hier finden Sie nicht nur Unterrichtsmaterialien, sondern Diskussionsgruppen, Tipps sowie die Möglichkeit, sich für Online-Kurse der Lehrerfortbildung anzumelden.

MSVE - www.englischlehrer.in
Etwa 500 Arbeitsblätter und dazugehörige Lösungsblätter stehen hier im PDF-Format zur Verfügung. Die Sammlung ist auch auf CD-ROM erhältlich.

www.englisch-hilfen.de
Das Nachhilfeportal zur englischen Sprache bietet viele Grammatik- und Vokabelübungen sowie Tests für Schülerinnen und Schüler. Im Menü „Lehrer/Englischunterricht" gibt es Hinweise und Informationen zum Englischunterricht, u.a. Methoden, Unterrichtsbeispiele und Material für Vertretungsstunden, Literaturtipps und ein Lehrerforum.

www.schulportal.de
Knapp 180 000 kostenlose Unterrichtsmaterialien sind aktuell hier zu finden, darunter etwa 200 Unterrichtsentwürfe für das Fach Englisch. Die Seite liefert auch für viele andere Fächer Arbeitsblätter, Lehrproben, Klausuren und Tests.

URHEBERRECHTE BEACHTEN

88

Viele Nutzer glauben, dass alles, was im Internet zu finden ist, frei und kostenlos zur Verfügung steht. Und da man schnell einen Text kopieren, ein Bild oder einen Film downloaden und ein Musikstück überspielen kann, ohne dass man daran gehindert wird, scheint das erlaubt zu sein.

Weit gefehlt! Alles, was Sie im Internet an Daten finden, unterliegt in Deutschland dem Urheberrecht. D. h., der Komponist, Fotograf, Journalist oder Filmemacher – ob professionell oder privat tätig – hat daran die Urheberrechte und kann somit selbst bestimmen, wem er den weiteren Umgang mit den Daten erlaubt und wem nicht.

Leider ist dieser Umstand nicht nur vielen Schülern und Eltern unbekannt, auch viele Lehrer und Schulleiter denken, hier nicht so ganz korrekt sein zu müssen.

Achtung

Schon das Downloaden oder Streamen (Datenübertragung ohne Speicherung auf dem eigenen Computer) kann strafbar sein. Ebenso die unerlaubte Nutzung.

Stellen Sie daher sicher, dass Sie vom Urheber oder dessen Rechteverwalter die Erlaubnis haben, diese Daten außerhalb oder auch innerhalb des Internets auf Ihren eigenen Seiten oder Kanälen zu nutzen.

Achten Sie in jedem Fall darauf, bei Veröffentlichung die Quelle richtig anzugeben.

Es kann sein, dass Menschen Bilder und Texte ins Internet stellen und es ihnen egal ist, wer diese Daten nutzt und wo er sie nutzt (Tipp 94). Aber davon kann man nicht grundsätzlich ausgehen, sondern muss vorab die Nutzungsfrage klären.

❯Tipp 94

Dabei muss die Nutzung nicht immer mit Kosten verbunden sein. In vielen Fällen sind die Urheber sogar froh, wenn ihre Werke benutzt werden und somit Verbreitung finden. Sie wollen aber gefragt sein.

Urheber fragen

Nicht selten passiert es, dass ein Werk ungefragt genutzt, plötzlich bekannt und weit verbreitet wird. Indem ein anderer es einer breiten Öffentlichkeit zur Verfügung gestellt hat, möchte nun der Urheber davon profitieren. Bezahlen muss dann immer der, der das Werk genutzt bzw. veröffentlicht hat.

Denken Sie nie: Es wird schon keiner merken. In der digitalen Welt gibt es so viele Abfrage- und Vergleichsmöglichkeiten, die dazu noch blitzschnell gehen, sodass es leicht passieren kann, dass jemand die Nutzung moniert.

89 Vorsicht bei Schulbuchkopien

Immer öfter werden Texte oder Bilder aus Schulbüchern gescannt und im Unterricht eingesetzt. Das ist unter Berücksichtigung gewisser Regeln auch erlaubt. Aber diese Regeln müssen eingehalten werden.

Faustregeln Die Faustregeln lauten wie folgt:

- Lehrkräfte dürfen aus Werken, die seit 2005 erschienen sind, maximal 10 Prozent des Werkes, höchstens aber 20 Seiten einscannen.
- Diese Scans dürfen Lehrkräfte für den eigenen Gebrauch im Unterricht benutzen.
- Sie müssen dabei allerdings sicherstellen, dass Dritte darauf nicht zugreifen können. Das kann z. B. durch Passwortschutz geschehen (Tipp 13). *❯ Tipp 13*
- Lehrerinnen und Lehrer dürfen diese gescannten Dateien auf eigenen Rechnern nutzen.
- Wenn solche Werke der Lehrkraft bereits digital vorliegen, weil sie der Verlag digital angeboten hat, gelten allerdings die jeweiligen Lizenzbestimmungen zu diesen digitalen Dateien!

Quellen nennen Auch hier ist bei der Nutzung darauf zu achten, dass immer die Quellen genannt sind.

Die nach obigen Regeln erstellten Scans können dann über PCs, Whiteboards oder Beamer wiedergegeben werden. Sie dürfen auch digitale Kopien an Schüler ausgeben, die sie zur Vor- und Nachbereitung des Unterrichts verwenden. Solche Scans dürfen auch ausgedruckt und im Unterricht eingesetzt werden.

Auch dürfen diese Scans auf verschiedenen Speichermedien abgespeichert werden, solange diese für den Unterricht gedacht sind und der Zugriff Dritter durch Sicherungsmaßnahmen ausgeschlossen werden kann.

Sind Sie sich bei Schulbuchkopien unsicher, lassen Sie sich von fachkundigen Menschen beraten. In Ministerien und Schulämtern gibt es Juristen, die Ihnen bestimmt weiterhelfen können.

Achtung

Solche digitalen Scans dürfen also auf keinen Fall im Internet auf Facebookseiten, Blogs, Webseiten usw. veröffentlicht werden, um eine unerlaubte Weiterverbreitung zu verhindern.

Auch das Versenden dieser Dateien per Chats (Tipp 44) und E-Mail ist nur bei ausreichendem Passwortschutz (Tipp 13) und nur an legitimierte Empfänger (Schüler oder Lehrer der Klasse) erlaubt.

❯ Tipp 44

❯ Tipp 13

Auch die Weitergabe an andere Lehrkräfte ist nicht gestattet.

Weitere Informationen dazu finden Sie auf der Seite www.schulbuchkopie.de. Hier werden die wichtigsten Fragen anhand von Beispielen beantwortet. Außerdem gibt es eine Broschüre mit allen Infos zum Herunterladen.

REGELN FÜR DIE FREIE NUTZUNG KENNEN

In beschränktem Maße dürfen für den Unterricht auch Bild-, Text- und Tondokumente ohne eine spezielle Erlaubnis frei benutzt werden. Allerdings auch hier nur nach klaren Regeln:

▬ Dokumente aus dem Internet dürfen bis zu zehn Prozent des Werkes (maximal aber 20 PDF-Seiten) downgeloaded, ausgedruckt und verwendet werden. Allerdings nicht, wenn es sich im Original bereits um digitale Lehrwerke, Unterrichtsmaterialien oder Musikeditionen handelt. Hier gelten wiederum die jeweiligen Lizenzbestimmungen der Verlage.

▬ Bei Videos dürfen Ausschnitte von einer maximalen Dauer von fünf Minuten aus dem Internet geladen, gespeichert und den Schülern gezeigt werden. Beim Speichern ist wieder auf geeigneten Passwortschutz (Tipp 13) zu achten, der den Zugang Dritter ausschließt.

❯ Tipp 13

- Fotos dürfen aus dem Internet geladen und auf Whiteboards, Beamern oder Computern den Schülern gezeigt
werden. Eine weitere Nutzung in Arbeitsblättern o.ä.

❯Tipp 91 muss im Einzelfall geklärt werden (Tipp 91) und ist nicht
generell erlaubt.

Achtung

Sichern Sie sich bei unklarer Rechtesituation immer ab.
Fragen Sie im Zweifelsfall bei den entsprechenden Stellen
nach und holen Sie sich Rückendeckung von Schulleitung,
Schulbehörde oder im Ministerium. Die Rechtesituation
ist speziell in Deutschland sehr kompliziert.

Fragen Sie die Fachleute und lassen Sie sich die Antwort
schriftlich bestätigen. So können Sie im Problemfall nach-
weisen, dass Sie sich informiert und Ihrer Sorgfaltspflicht
genüge getan haben.

BILDRECHTE BEACHTEN

91

Seit es das Internet und Smartphones gibt, werden so viele
Bilder wie noch nie zuvor verbreitet. Im Unterricht können
sie oft sinnvoll eingesetzt werden! Dazu hilft das Internet
noch, die passenden Bilder schnell zu finden, am besten
direkt über Google.

Gleich mal ausprobieren

Wenn Sie in Google ein Stichwort eingeben, bekommen Sie
normalerweise als Ergebnis lauter Webseiten angezeigt, die
dieses Stichwort im Text haben. Oben im Menü sehen Sie
auch den Punkt Bilder. Wählen Sie diesen an, werden Ihnen
ausschließlich Bilder angeboten.

Im gleichen Menü rechts können Sie Suchoptionen einstellen wie Dateigröße, Farbe, Typ und Zeit und eben auch Nutzungsrechte.

> Wenn Sie hier die entsprechende Verwertungsart angeben, sehen Sie nur noch die Bilder, die Sie laut Google auch nutzen dürfen. Prüfen Sie aber auf jeden Fall die Rechtesituation nochmal nach. Google übernimmt keine Verantwortung für die Richtigkeit der Eintragungen.

Grundsätzlich brauchen Sie für jede Nutzung die Einwilligung des Urhebers. Wenn Sie allerdings ein Bild im Internet finden und es NUR für Ihre unterrichtlichen Zwecke nutzen, ist die Verwendung erlaubt. **Einwilligung**

Dabei muss sichergestellt sein, dass die Bilder nur für Ihren Unterricht verwendet werden. Also weder Sie noch die Schüler dürfen diese Bilder weitergeben. Ebenso müssen die Daten, falls Sie die Bilder digital verteilen, dafür passwortgeschützt sein (Tipp 13).

> **Tipp 13**

In dem Moment, in dem Sie die Bilder über Ihren Unterricht und damit über die Klassenarbeit hinaus verwenden wollen, müssen die Nutzungsrechte geklärt sein und ggf. Lizenzen bezahlt werden.

Vergessen Sie aber auch hier nie die Quellenangabe, die in den meisten Fällen trotzdem gefordert ist.

MUSIK-DATEIEN NUTZEN

92

Jeder Schüler trägt heute Hunderte von Songs auf seinem Smartphone herum (Tipp 17). Musik ist überall und immer präsent. Also auch im Unterricht. **> Tipp 17**

Doch wie sieht es hier mit der Nutzung aus? Dürfen diese digitalen Musikstücke einfach im Unterricht verwendet werden?

Grundsätzlich gilt das Gleiche wie bei Bildern und Texten: Wenn die Musik nur in Ausschnitten oder nur einzelne Lieder jeweils zur Veranschaulichung im Unterricht abgespielt oder zur Verfügung gestellt werden, so ist das innerhalb des Unterrichts und innerhalb der jeweiligen Klasse erlaubt. Aber auch hier setzt der Gesetzgeber Schranken:

- Die Musikdateien dürfen nur für diese Klasse im jeweiligen Unterricht genutzt werden.
- Die Musik muss zu Unterrichtszwecken genutzt werden.
- Die Musikstücke müssen der Veranschaulichung dienen und dürfen nur in Auszügen oder einzelnen Liedern genutzt werden.
- Die Dateien müssen passwortgeschützt sein bzw. auf passwortgeschützten Servern liegen und diese Passwörter

❯Tipp 13 dürfen nur an die Klasse weitergegeben werden (Tipp 13).
- Die Schüler dürfen diese Passwörter nicht weitergeben.
- Die Musikdateien dürfen nicht an andere Lehrer oder Schüler außerhalb der Klasse weitergegeben werden, auch wenn sie an der gleichen Schule sind.
- Die Musikdateien dürfen nicht von den Schülern auf deren eigenen Geräten gespeichert und privat genutzt werden.
- Die Urheber und Quellen müssen genannt werden.

Speziell im Bereich Musik müssen Sie Ihren Schülern diese Regelungen deutlich machen. Musik wird heute sehr gerne als kostenloses Allgemeingut verstanden und an alle und jeden weitergegeben. Weisen Sie darauf hin, dass Verstöße von Anwälten verfolgt werden. Das kann dann schnell sehr teuer werden.

AUF YOUTUBE FÜNDIG WERDEN

93

Zu fast jedem Thema und auch zu Musiktiteln finden Sie hier Anschauungsmaterial, Skurriles, Privates, Offizielles und Hilfreiches. Besonders viele Erklärungsfilme werden hier hochgeladen.

Rechtliche Regelungen beachten

Also eine wunderbare Quelle für Anschauungsmaterial für Ihren Unterricht. Aber dürfen Sie diese Videos im Unterricht nutzen?

Wenn Sie einen Onlinezugang im Unterricht haben und diese Videos auf den Beamer oder das Whiteboard streamen (live ansehen), steht einer Verwendung nichts im Wege. Da Schulunterricht „nicht öffentlich" ist, ist das Streamen von Videos grundsätzlich erlaubt.

Trotzdem bleibt zu beachten, dass „offensichtlich rechtswidrige" Videos generell nicht im Unterricht gezeigt werden dürfen, egal aus welcher Quelle.

Es ist manchmal schwierig, „offensichtlich rechtswidrige" Videos zu erkennen und YouTube sperrt diese auch immer wieder. Aber wenn z. B. ganze Spielfilme oder Fernsehsendungen auf YouTube hochgeladen wurden, dann sicherlich nicht mit Zustimmung der Urheber. Und damit sind diese Videos offensichtlich rechtswidrig eingestellt.

Achtung

Auch wenn das Abspielen erlaubt ist, auf Ihrem Rechner speichern dürfen Sie die YouTube-Videos trotzdem nicht, auch wenn Sie sie nur im Unterricht vorführen.

Das untersagen die AGBs von YouTube generell und hier gibt es auch für den Unterricht keine Ausnahmen.

Sie dürfen diese Videos allerdings verlinken, solange keine rechtswidrigen Inhalte vorliegen.

RECHT AM EIGENEN BILD BEACHTEN

94

In Deutschland spielt neben dem Urheberrecht an Bildern, die man selbst erstellt hat, auch noch das „Recht am eigenen Bild" oder auch „Bildnisrecht" eine wichtige Rolle.

Hier geht es darum, dass jeder selber entscheiden darf, ob ein von ihm gemachtes Foto (ebenso Zeichnung, Karikatur usw.) veröffentlicht werden darf oder nicht. Das gehört zu unseren Persönlichkeitsrechten, die keiner verletzen darf. Voraussetzung ist, dass die betreffende Person eindeutig zu erkennen und nicht etwa nur Beiwerk in einem Landschaftsfoto ist.

Achtung

Fotos von Klassenfahrten, Elternabenden, Museumsbesuchen usw., die Sie eventuell in der Klassenzeitung, im Jahresbericht oder auf einer Internetseite veröffentlichen, betreffen also bereits dieses Persönlichkeitsrecht. Ebenso Klassenfotos, die oft ohne Einverständniserklärung aller Abgebildeten gemacht werden.

Einverständniser-
klärung

Lassen Sie sich deshalb auf jeden Fall eine Einverständniserklärung unterzeichnen (bei Minderjährigen von den Erziehungsberechtigten), dann sind Sie auf der sicheren Seite.

Bloße Unkenntlichmachung der Augenpartie reicht im Zweifelsfall nicht aus, falls die Person nicht veröffentlicht werden möchte. Sollte sie an Frisur, Kleidung oder Sonstigem erkennbar sein, wäre es dennoch ein Verstoß gegen das Persönlichkeitsrecht.

Vorsicht auch beim bloßen Verlinken von Fotos, auch hier können Sie bereits das Persönlichkeitsrecht verletzen, auch wenn Sie das Foto gar nicht selbst veröffentlicht haben.

Ausnahmen

Es gibt auch hier wieder Ausnahmen:
Wird der Abgebildete für das Foto bezahlt, ist automatisch die Einverständniserklärung zur Veröffentlichung im bezeichneten Rahmen erteilt.
Nimmt der Abgebildete an einer öffentlichen Versammlung oder einem Aufzug oder Ähnlichem teil, muss er ebenfalls mit Ablichtung und Veröffentlichung rechnen. Das könnte z. B. bei der Einschulung, bei einem Schulfest oder einer Theateraufführung in der Schule der Fall sein.
Personen der Zeitgeschichte dürfen ebenfalls abgebildet werden.
Nimmt man diese rechtlichen Grundlagen ernst, so ist davon auszugehen, dass im Internet täglich Millionen von Verletzungen dieses Rechts am eigenen Bild stattfinden. Berücksichtigt man hierbei noch, dass diese Verletzungen ei-

nen Straftatbestand darstellen, liegt es auf der Hand, dass hier Aufklärung bitter nötig ist.

Es könnte nämlich ein flink gemachtes Kuschelfoto von der Klassenfahrt so schnell zum Bumerang werden, wenn der Betroffene es an der falschen Stelle auf Facebook und Co. wiederfindet (Tipp 39).

❯Tipp 39

FOTOS UND FILME ERSTELLEN

95

Mach noch schnell ein Foto davon oder besser einen kleinen Film! Kein Problem. Es gibt heute viele Fotokameras, die beide Optionen anbieten – und das in ordentlicher Qualität. Wer eine solche Kamera besitzt, kann also ganz schnell liefern.

Außerdem besitzt jedes Smartphone eine eingebaute Kamera, die fotografieren und filmen kann (Tipp 17).

❯Tipp 17

Für die technische Ausrüstung ist also meistens gesorgt, das Handling ist einfach, die Fotos und Filme digital – alles kein Problem.

Geblieben ist die Frage nach den Inhalten. Wenn Sie also Fotos oder Filme für den Unterricht einsetzen wollen, überlegen Sie gut, was Sie aufnehmen und wozu Sie das Material verwenden wollen:

Sinnvollen Einsatz überlegen

- Bilder können Themen und Zusammenhänge viel schneller kommunizieren als Text. Passt mein Bild zum Thema, trifft es die Aussage, kann der Betrachter es verstehen?
- Bewegte Bilder sind spannender anzusehen, es passiert etwas und die Zuschauer sind neugierig auf das Ende. Starre Fotos sind konzentriert und plakativ. Welche Form ist für mein Vorhaben die richtige Wahl: ein feststehendes Bild, das nicht ablenkt, oder ein Film, der einen Prozess besser darstellen kann?

Schauen Sie sich z. B. eines der vielen „Erzählvideos" oder Tutorials an, die Sie im Internet finden. Dann wissen Sie, was gemeint ist.

Kameras und Smartphones können zwar beide fotografieren und filmen. Trotzdem gibt es Qualitätsunterschiede, die Sie oft erst merken, wenn sie Ihr Material mit dem Beamer an die Wand projizieren (Tipp 77).

❭ Tipp 77

Überlegen Sie vorher, für welchen Zweck Sie die Bilder später einsetzen. Manchmal lohnt es sich, auf die bessere Qualität der Kameras zu setzen.

FORMATE BEACHTEN

96

In normaler Handhabung fotografiert eine Kamera im Querformat. Um im Hochformat zu fotografieren, müssen Sie die Kamera drehen und sozusagen auf die Seite stellen.

Auch die Videokamera filmt grundsätzlich im Querformat, eine andere Anwendung ist nicht vorgesehen, weil ein Film nur im Querformat existiert.

❭ Tipp 17

Und das Smartphone? Interessanterweise wird das Smartphone (Tipp 17) meistens so benutzt, wie Sie es auch sonst benutzen, nämlich im Hochformat. Automatisch werden die meisten Bilder – anders als mit der Kamera – im Hochformat geschossen. Es entspricht einfach der Handhabung eines solchen Gerätes.

Was zunächst kein Problem ist, wird spätestens dann eines, wenn Sie Ihre Fotos und Filme präsentieren wollen. Denn die Ausgabemedien wie Bildschirme und Beamer haben ein Querformat. Auch sämtliche Player für Filme arbeiten im Querformat.

Achtung

Auf Querformat achten

Achten Sie schon beim Aufnehmen von Filmen und Fotos auf das spätere Ausgabe- und Präsentationsformat. Dies ist meist das Querformat.

Nutzen Sie für die Aufnahmen ein Smartphone, so drehen Sie das Gerät ins Querformat, bevor Sie loslegen.

> Besonders beim Filmen sollten Sie unbedingt auf das Querformat achten. Wenn Sie im Hochformat filmen, wird der Film dennoch im Querformat abgespielt und der gefilmte Inhalt wird automatisch sehr viel kleiner und dadurch oft schwer zu erkennen.

DIE RICHTIGE AUFLÖSUNG WÄHLEN

97

Was früher keine Rolle gespielt hat, ist heute ein großes Thema – obwohl fast keiner darüber spricht: die Auflösung der digitalen Bilder. Wir zoomen rein und raus und sind es gewohnt, in allen Größen arbeiten zu können. Doch die Auflösung macht uns dabei immer wieder einen Strich durch die Rechnung (Tipp 48).

❯ Tipp 48

Auflösung heißt dabei nichts anderes, als wie viele Pixel das Bild in seiner Höhe und seiner Breite im Original hat. Multipliziert man diese Werte, entsteht der Wert, den Sie von den Bedienungsanleitungen der Kameras und Handys kennen: die Megapixel.

Hat Ihre Kamera oder das Handy also fünf Megapixel, ergibt Ihr Bild im Querformat eine Pixelauflösung von 2592 x 1936 Pixel.

Würden Sie dieses Bild auf einem Bildschirm zeigen, so könnten Sie es ohne Qualitätsverluste ca. 100 cm breit machen. Da man diese Breite selten benötigt, werden Bilder für die Bildschirm-/Onlinenutzung verkleinert – sprich: die Datenmenge und Abbildungsgröße reduziert.

Achtung

> Wenn Sie ein Bild daten- und größenmäßig verkleinern, speichern Sie es vorher immer als Kopie ab. Ist das Bild mal verkleinert, lässt es sich ohne erheblichen Qualitätsverlust nicht mehr vergrößern.

> Sollten Sie später eine größere Version benötigen, können Sie so immer auf das Original zurückgreifen.
>
> Die goldene Regel heißt: Das Original bleibt immer unverändert im Archiv, gearbeitet wird nur mit der Kopie.

Auch beim Filmen können Sie in verschiedenen Auflösungsqualitäten arbeiten. Hier empfiehlt es sich, immer die bestmögliche Qualität zu nutzen, sofern Sie genug Speicherplatz zur Verfügung haben. Denn eine bessere Auflösung heißt immer auch maximaler Speicherbedarf.

HD-Format Viele Abspielmedien für Filme reproduzieren heute das sogenannte HD-Format (HighDensity). Dies liefert wegen der vielfach höheren Auflösung der Bilder ein wesentlich schärferes Bild. Das Betrachten von HD-Filmen ist deshalb viel detailgetreuer und angenehmer. Für Videos gilt deshalb: Wo HD möglich ist, sollte auch in HD gefilmt werden.

BILDER BEARBEITEN

98

Durch den Einzug der digitalen Fotografie, ist es heute fast jedem Laien möglich, selbst seine Bilder nachzubearbeiten bzw. zu optimieren.

Dafür gibt es eine Reihe von kostenlosen Bildbearbeitungsprogrammen für Mac und PC, die nicht nur einfach zu handhaben sind, sondern auch erstaunlich gute Ergebnisse

›Tipp 10 liefern (Tipp 10).

Es lohnt sich also immer, die Bilder, die man verwenden möchte, auf ihre Tauglichkeit zu prüfen und evtl. durch Nachbearbeitung zu optimieren.

Hierbei können Sie nach einem Standardmuster vorgehen:
- Bildschärfe

  Kontrollieren Sie die wichtigen Bereiche auf ihre Schärfe. Notfalls können Sie hier etwas nachschärfen. Gehen Sie dabei behutsam vor. Weniger ist mehr.

- Bildhelligkeit

  Zu hell oder zu dunkel? Hier können Sie nachjustieren. Das ist einfacher bei zu dunkel geratenen Bildern. Wenn ein Bild mal zu hell ist, ist die Korrektur schwieriger. Probieren Sie aus und finden Sie einen guten Mittelweg. (Tipp 77)

  ❯ Tipp 77

- Bildkontrast

  Kommt Ihnen das Bild etwas verwaschen und flach vor, können Sie den Kontrast erhöhen. Ebenso können Sie umgekehrt gegensteuern, wenn das Bild zu hart erscheint.

- Bildausschnitt

  Wenn das Bild noch viel „Drumrum" mit sich bringt, können Sie am Ende das Format beschneiden, damit das Bild genau das zeigt, was Sie wirklich gebrauchen können. Achten Sie dabei wieder auf das Format und auch auf die gewünschte Auflösung.

Selbst kostenlose und kleine Bildbearbeitungsprogramme bieten oft noch viel mehr Bearbeitungsmöglichkeiten. Probieren Sie es ruhig mal aus. Im Normalfall allerdings reichen die vier oben beschriebenen Schritte, die Sie für ein besseres Bild benötigen.

Bildbearbeitungsprogramme

BILDER VERSCHICKEN

99

Ob PC, Tablet oder Smartphone: Bilder und Filme sind ruck zuck verschickt.

Doch halt, warum dauert das so lange? Warum wurde die Übertragung abgebrochen? Wieso hat der Empfänger das Bild nicht laden können?

So einfach ist es eben doch nicht. Beim Versenden geht es erneut um Datengrößen. Hinzu kommt die zur Verfügung stehende Datenleitung mit ihrer Geschwindigkeit auf Ihrer Seite, dem Sender, und ebenso auf der Seite des Empfängers. Viele Variable lassen den Datenversand durchaus zum Problem werden.

Datengrößen

Obendrein gibt es noch Limitierungen bei E-Mail-Postfächern und Filter in den Firewalls.

HD-Zweck bestimmt die Größe Überlegen Sie deshalb, bevor Sie etwas versenden, wofür Sie das Bild schicken:

- Nur zum Ansehen: Dann kann die Datei klein sein und wird schnell und problemlos auf den Weg gebracht.
- Zum Weiterbearbeiten: Dann sollten Sie es eher in Originalgröße verschicken. Vorsicht: Dann hat ein Bild schnell mal mehr als 10 Megabyte und ist damit größer, als es manches E-Mail-Postfach erlaubt.
- Zur Wiedergabe auf einem Bildschirm oder in einer Präsentation: Hier können Sie das Bild meist etwas verkleinern (Tipp 97). Eine mittlere Größe reicht oft aus. Vergewissern Sie sich aber vorher beim Empfänger.

❯Tipp 97

Wenn Sie wissen, dass der Empfänger eine langsame Internetverbindung oder ein limitiertes Postfach hat, quälen Sie sich und ihn also nicht mit zu großen Bilddateien.

Achtung

Wenn Sie Bilder per E-Mail verschicken und Sie bekommen diese wieder zurück, liegt das meist an einer Limitierung des Empfängerpostfachs. Viele kostenlose E-Maildienste limitieren auf 5, 10 oder 20 Megabyte.

Reduzieren Sie also einfach die Menge der Bilder oder wenn möglich die Dateigröße und probieren Sie es erneut.

Manchmal haben die Empfänger auch ihr Postfach nicht leergeräumt und es ist schlicht voll, sodass es keine zusätzlichen Daten aufnehmen kann. Hier hilft ein Anruf mit dem entsprechenden Hinweis – E-Mails können Sie dann ja keine mehr verschicken ...

(Die Verweise beziehen sich auf die jeweiligen Tipp-Nummern.)

A

Absturz 10
Android (Google) 22
Animation 65
Auflösung (Präsentation) 48

B

Backup 8
Beamer 73
– Ausrichtung 75
– Bedienung 74
– Bildformat 76
– Helligkeit 77
– Lampe 79
Bildauflösung 97
– bei der Präsentation 61
Bildbearbeitung 98
Bilder versenden 99
Bildrechte 91
Blog erstellen 43
Browser 12

C

Chat 44
Cloud 9
Cookies 16
Copyright 64

D

Dateinamen 6
Daten-Backup 8
Datenmissbrauch 14
Datensicherung 7
Datenverlust 10

Deutsch-Material 85
Download 88

E

Effekte (Präsentation) 65
Einstieg (Präsentation) 69
Elektronische Unterrichts-
    materialien 80
Englisch-Material 87
Erklärfilme 84
Explorer (Browser) 12

F

Facebook 38, 39
Farbwirkung (Präsentation) 56
Festplatte 8
Film erstellen 95
Filme (Präsentation) 60
Filmlänge (Präsentation) 63
Firefox (Browser) 12
Folien 50
Format (Präsentation) 48
Foto erstellen 95
Fußzeile 49

G

Gestaltungsvorlage (Präsentation) 47
Google 15
Google Chrome (Browser) 12

H

Hacker 14
Handschriftenerkennung 34
Hintergrund (Präsentation) 57

I

Installation 1
Internet 11
iOS (Apple) 22
iPhoto 3

K

Kopfzeile 49
Kopien 89

L

Lehrerblog 41
Lehrerforen 80
Lehrerplattformen 81
Lehrfilme 83
Lern-Apps 25
Lesbarkeit (Präsentation) 66
Leuchtturm-Projekt 18

M

Mathematik-Material 86
Medienkonzept,
    schulinternes 29
Microsoft Office 2
Mindmap 4
Musik (Präsentation) 67
Musik-Dateien 92

N

Neukonfiguration 1
Netzwerk 11

O

Office-Programme 2
Open Office 2

P

Passwort 13
PC
– Absturz 10
– neu 1
– Ordnung 5
Pecha Kucha 72
Präsentationssoftware 2
Präsentationsvorlagen 45
Recht am eigenen Bild 94

S

Safari (Browser) 12
Schaubilder (Präsentation) 51, 59
Schrift (Präsentation) 52
Schriftfamilie 53
Schriftfarbe 58
Schriftgröße 55
Schriftschnitte 54
Schulblog 42
Schulbuchkopien 89
Schulbuchverlage 80
Sicherungskopie 8
skook 82
SMS 44
Social Media 38
Suchmaschinen 15

T

Tabellenkalkulation 2
Tablet-Ausstattung 22
– Klassen 20
– Klassensatz 19
– Konzept 21
– Modelle 22
– PC 17
– Präsentationen 28
– Produkte 27

– Recherche 24
– Verwaltung 23
– Zubehör 22
Tafelbild (Whiteboard) 35
Textverarbeitungsprogramm 2
Twitter 38, 40

Unterrichtsdokumentation 26
Unterrichtsformen
   (Whiteboard) 36
Urheberrecht 88

WhatsApp 44
Whiteboard
– Einstieg 34
– interaktiv 29
– Nachteile 33
– Schäden 37
– Systeme 30
– Vorteile 32
– Zubehör 31
Windows 8 (Microsoft) 22
Windows Photo Viewer 3

Yahoo 15
YouTube 93

LITERATURHINWEISE

PC

Bruemmer, Oliver (2011): Mein erster Computer: Der verständliche Einstieg, Vierfarben Verlag (Galileo Press), Bonn

Dranin, Sabine (2012): Notebook – ganz einfach! Die Anleitung in Bildern, Vierfarben Verlag (Galileo Press), Bonn

Geisler, Sandra (2014): Computerlexikon für Dummies, Wiley-VCH Verlag, Weinheim an der Bergstraße

Gookin, Dan (2014): PCs für Dummies, Wiley-VCH Verlag, Weinheim an der Bergstraße

Hollecker, Patrick (2013): Mein erstes Notebook: Der verständliche Einstieg, Vierfarben Verlag (Galileo Press), Bonn

Peyton, Christine (2012): Computer – ganz einfach! Die Anleitung in Bildern, Vierfarben Verlag (Galileo Press), Bonn

Office-Programme

Baumeister, Inge (2014): PowerPoint 2013: Das Lernbuch für Einsteiger, Bildner Verlag, Passau

Bilke, Petra (2013): Excel 2013: Die Anleitung in Bildern, Vierfarben Verlag (Galileo Press), Bonn

Drasnin, Sabine (2013): PowerPoint 2013: Die Anleitung in Bildern, Vierfarben Verlag (Galileo Press), Bonn

Duarte, Nancy (2009): slide:ology: Oder die Kunst, brilliante Präsentationen zu entwickeln, O'Reilly Verlag, Köln

Klaßen, Robert (2013): Word 2013: Schritt für Schritt erklärt, Vierfarben Verlag (Galileo Press), Bonn

Seimert, Winfried (2013): OpenOffice 4 für Ein- und Umsteiger, bhv, Bonn

Internet
Feibel, Thomas (2014): Internet aber richtig! Sicher im Netz unterwegs, Ravensburger Buchverlag, Ravensburg

Levine, John R. (2013): Internet für Dummies, Wiley-VCH Verlag, Weinheim an der Bergstraße

Passig, Kathrin (2012): Internet – Segen oder Fluch, Rowohlt Verlag, Berlin

Tablets
Brand, Natan (2013): Mobiles, kooperatives Lernen mit Tablets in der Grundstufe: Eine Arbeit über die Wichtigkeit von Medienkompetenz in der Grund- und Unterstufe, Grin Verlag, München

Hattenhauer, Rainer (2014): Android-Tablet: Die verständliche Anleitung. Apps, Internet, E-Mails. Vierfarben Verlag (Galileo Press), Bonn

Mandl, Daniel (2014): Das iPad in der Praxis mit iOS 7 – E-Mail, Internet, Musik, Bilder & Filme umfassend erklärt/für das neue iPad Air, iPad mini mit Retina Display und alle aktuellen iPad-Modelle ab der 2. Generation, Mandl & Schwarz-Verlag, Husum

Ochsenkühn, Anton/Szierbeck, Johann (2013): iCloud für iPhone, iPad, Mac & Windows – für iOS und OS x Yosemite, Amac-Buch Verlag, Obergriesbach

Ostermann, Tessa (2013): Über die Lernförderlichkeit von Tablet PCs im Unterricht, Grin Verlag, München

Thoma, Herbert (2014): Das iPad-Buch: Die verständliche Anleitung. Vierfarben-Verlag (Galileo Press), Bonn

Whiteboard

Caspar, Pascal (2014): Whiteboards in der Schule: Der Einsatz interaktiver Tafeln im Unterricht, Tectum Verlag, Marburg

Gutenberg, Ulrich (2010): Interaktive Whiteboards im Unterricht: Das Praxishandbuch, Schroedel Verlag, Braunschweig

Jansen, Ludger (2014): Interaktion statt Kreidestaub: Das Whiteboard im Unterricht, Stark Verlagsgesellschaft, Hallbergmoos

Müller, Sina (2011): Das interaktive Whiteboard im Klassenzimmer - und jetzt? Informationen und Einsatzmöglichkeiten, Verlag an der Ruhr, Mühlheim

Schlieszeit, Jürgen (2011): Mit Whiteboards unterrichten: Das neue Medium sinnvoll nutzen, Beltz Verlag, Weinheim